中国传统文化与未成年人精神成长丛书

礼法中国

傅书华◎主编
王雅梅◎编著

【中国古代的法律】

希望出版社

图书在版编目(CIP)数据

礼法中国：中国古代的法律 / 王雅梅编著. --
太原：希望出版社, 2012.3
（中国传统文化与未成年人精神成长丛书）
ISBN 978-7-5379-5467-9

Ⅰ. ①礼… Ⅱ. ①王… Ⅲ. ①法制史 - 中国 - 古代 - 青年读物
②法制史 - 中国 - 古代 - 少年读物 Ⅳ. ①D929.2-49

中国版本图书馆CIP数据核字(2011)第197113号

中国传统文化与未成年人精神成长丛书

礼法中国

——中国古代的法律

傅书华◎主编　王雅梅◎编著

出版人 / 梁萍
出版发行 / 希望出版社
地址 / 山西省太原市建设南路21号
邮政编码 / 030012
责任编辑 / 王晓霞　　助理编辑 / 刘凡
复审 / 陈炜
终审 / 孟绍勇
美术编辑 / 王蕾
装帧设计 / 韩石　汝俊杰
责任印制 / 刘一新

总经销 / 希望出版社发行部
0351-4123120
经销 / 各地书店
制作 / 北京鑫联必升文化发展有限公司
印刷 / 山西嘉祥印刷包装有限公司

开本 / 890mm×1240mm　1/32
印张 / 9.75
版次 / 2012年6月第1版
印次 / 2012年6月第1次印刷
书号 / ISBN 978-7-5379-5467-9
定价 / 18.50元

编者的话 BIAN ZHE DE HUA

之所以编辑这套丛书，实在是来源于时时涌上心头且挥之不去的对现实的危机感。

从没有像现在这样，我深感当今未成年人精神成长的缺失。随便放眼看看，当今未成年人的生理成长、知识成长甚至心理成长都已经得到社会及家长的普遍重视，唯独未成年人的精神成长却至今未能引起大家的关注。不是吗？你看，即使是出生、成长于一般家庭的孩子，他的物质生活的条件，也还是能够满足他生命发育成长过程中所需要的物质需求的，至于出生、成长于家境较好的家庭中的孩子，营养过剩而偏于肥胖的更不在少数。大体说来，基于营养的健全，这一代未成年人较之他们的父母一代，其身体发育普遍提前、普遍超标应该是一个不争的事实。说到知识成长，你只要看看这一代未成年人那沉甸甸的书包，看看双休日他们频频出入于各种补习班的身影，听听那“现在最辛苦的就是中小学学生”的无奈感叹，你也就大略可以知晓，现在对未成年人的知识灌输是如何地慌不择路、饥不择食了。至于未成年人一代的心理成长，伴随着心理问题的频频产生，他们的心理健康问题总算是被大家认识到了，虽然补救的措施依旧不够得力，但总算在电视媒体上时时出镜，总算在家长的口头上也时时提及了吧。但时至今日，我们还很少听到关于这一代未成年人精神成长的话题。精神成长，在许多人的心目中，还是一个玄虚的话题，还是一个模糊的话题，而究其实，精神成长已然成为当今一代未成年人长大成人的时代性危机：生理上的提前成人，使他们精力充沛却不知将精力用于何处，甚至如纽曼所说，“如果他们话多，必乱说无疑”。知识上的强力灌输，使他们在这样一个技术至上的时代，越发将知识作为换取世俗功利的手段，甚至在极端情况下会不择手段。心理的成长，虽然使他们在自我与外部失衡的情况下，可以有效地做自我心理上的调节，但却离心智的成长相去甚远。明乎此，我们才会明白，精神的成长，是灵魂的健全，是人格的生成，是公民意识的培育，是对人的生命的自由实现的自觉意识的形成。既不同于传统的老中国，又不同于现代的西方国家的新的中国，需要的正是这样有着健全灵魂的一代新人。

精神的成长不是凭空地进行，需要汲取各种精神资源，但这些精神资源，不是那种换取世俗功名的“实用知识”，而是着意于“自由人”得以成长、形成的“自由知识”。概而言之，传统文化、现代文化、西方文化，都是新的一代未成年人所应该充满兴味地去有所涉猎的。而现在，当今的这一代未成年人，对此却缺乏应有的了解。网络的平面化、共时化，正在消解传统文化、现代文化以及西方文化对未成年人精神的深度滋养。我们常常看到，这一代未成年人，在时尚的潮流中，似乎无所不知、无所不晓，但一旦进入历史文化的深处，则两眼茫然、不知所措。与此同时，我们也看到，学术贩子、学术掮客在当今大行其道，真正的学术研究者却又深居“象牙之塔”，随之而来的是，未成年人精神成长过程中急需的健康的精神营养品，在文化市场中难觅其踪。

上述的时代危机，与哲社人文界“重研究、轻应用”的时弊密切相关。

哲社人文研究队伍人数众多，硕果累累，研究的深入程度、进度，也足以令人刮目相看。但这些成果又有多少转化为对公众精神需求的满足呢？当今哲社人文的许多评价体系，套用自然科技的办法，弊端多多，是这个时代自然科技吞噬哲社人文的显著标志。但是，也不完全如此。科技界特别注重将其成果、发明、专利转化为市场效益，相比之下，哲社人文界却缺乏这种意识。或许是中国传统的哲社人文研究“书上作书”的历史太过悠久，亦或许是其依附权力、体制的历史惯力过强，我在这里不作深入研讨，但根据目下哲社人文领域的现状，作出“重研究、轻应用”的判断大致还是不错的吧。这种“重研究、轻应用”，还表现在哲社人文界生产力分配的不平衡：现在全国哲社人文类的学术、文化期刊，包括各级高校的学报，数量众多，但这些文章中，如果不是绝大多数，起码有许多是刊发完了即作完结的吧。许多的研究者，宁肯耗尽自己的有限精力，写几篇上述类型的文章，而绝不肯把精力用于对新的学界成果做普及转化的工作。于是我们看到：一方面，是学术垃圾、文字垃圾比比皆是；另一方面，在前述未成年人精神成人危机面前，适合他们的精神读物，却少之又少。

令人沮丧的还远远不止如此。就是在这少之又少的提供给未成年人的精神读物中，文字模式化、格式化、干瘪无味的也不在少数。人的精神世界原本是鲜活的，充满生机的，满足人的精神成长需求的文字，也应该是如此的吧。但打开各种标榜有文化内涵、精神内涵的书刊，却又时时看到两类不堪卒读的文字：一类是没有精神深度的平庸不堪的时尚文字，一类是貌似深刻的“八股文字”。用这样的文字，又怎么能够在未成年人的精神成长的需求中，给他们以新鲜、充盈的精神滋养呢？

正是基于这种时时萦绕于心的危机感，我心中时时萌生着一种神往：神往于上个世纪30年代开明书店出版的由叶圣陶编写的《开明国语课本》以及由朱自清等著名学者编写的一系列的青少年读物；神往于朱光潜所写的《谈美——给青少年的十三封信》；神往于上个世纪60年代的《十万个为什么》；神往于大学者能有献身的精神，用大手笔为未成年读者写出的小文章；神往于那种深入浅出、生动活泼的哲社人文类文章……

于是，在神往中，有了“千里之行，始于足下”的冲动，从而才有了这套丛书的编写和出版。虽然，我们的努力，离预期目标还有差距，但无论如何，总算是有了引玉之砖了。我们期盼着有新的“开明书店”出版的未成年人读本，有新的《谈美——给青少年的十三封信》，有新的《十万个为什么》，更希望有对上述这些经典读本的超越。在此，我还要真诚地感谢希望出版社，感谢他们能有真诚的心灵，广阔的眼光、胸怀，出版了这套《中国传统文化与未成年人精神成长丛书》。

让我们继续努力，让我们充满期待，让我们切切实实地“救救孩子”。

2011.12

目录 MU LU

导读 DAO DU

一、“礼法”中国解读

对于中国古代的法律，大家可能并不陌生，甚至可以联系到商纣王施用酷刑残害忠良、秦国因商鞅变法而称霸天下、包青天铁面无私公断民案等等。但说“礼法”中国或中国古代法律“礼法”领衔，有的读者可能就有些不解其意了，下面就对此予以说明：

一方面，在中国古代，“礼”与“刑”“律”“令”等，都是法律的重要组成部分。比如，据《后汉书》记载，廷尉（秦汉时的中央司法官）陈宠论及西周的《甫刑》和礼的关系时就曾说：“礼之所去，刑之所取，失礼则入刑，相为表里者也。”①也就是说，礼所不容的，正是刑所要制裁的，违反了礼的规定就要受到刑的处罚，二者互为表里、相辅相成。儒家经典《周礼》中也规定，各级贵族如果违反了礼的规定，就要受到削地、夺爵、流放、讨伐等处罚。可见，礼与刑、律、令等各种法律形式一样，具有我们现在所指的法律的性质、特点，是古代法律的组成部分。

更为重要的是，“礼”贯穿了中国古代法律演变的全部历史

---

① 《后汉书·卷四十六·陈宠传》。

阶段，尤其是汉中期“罢黜百家，独尊儒术”之后，“礼”的精神和内涵直接被以刑事法律规范为主的封建律典所尊崇，成为这些封建律典的灵魂，比如清朝纪昀主持编纂《四库全书》时就曾指出《唐律疏议》是“一准乎礼”的。由此可见，中国古代法律是无法离开“礼”而自成体系的。

另一方面，我们今天所称“法”或“法律”在中国古代的不同时期有不同的表现形式和表达方式。夏商周时代，“刑”字的使用是非常广泛的，古籍中“夏刑”“汤刑”“九刑”之类的表达比比皆是；至春秋战国，“刑”与“法”两个字的使用都很频繁，比如公元前633年晋文公曾制定“被庐之法”①，公元前536年郑国执政子产“铸刑书于鼎，以为国之常法”②，而魏国李悝则主持制定了中国历史上第一部比较系统的成文法典《法经》。承《法经》之绪，秦国商鞅又“改法为律”，此后“律”作为古代法律的一种重要表现形式一直沿用至清末。对此，《唐律疏议·名例》也有清晰的解说：“周衰刑重，战国异制，魏文侯师于李悝，集诸国刑典，造法经六篇……商鞅传授，改法为律。”因此，“礼法”中的“法”实际是用今天我们通用的法，指代古代用不同方式表达的各种法现象，这样既切合我们当今的表达方式，又能够蕴含古代法律的变迁。

综上，“礼法”既涵盖“礼刑”关系、“礼律”关系，又体现中国古代礼法相伴的特点，二者关系的演变作为一根主线，

---

① 《左传·僖公二十七年》。
② 《左传·昭公六年》杜预注。

贯穿中国古代法律的始终。

二、中国古代法律的演变

以“礼”与“法”关系的演变为主线，中国古代法律从起源到终结大致经历了以下四个阶段：

第一，“礼刑并立”阶段。这一阶段自夏商始而讫于西周，是中国古代法律的起源和雏形阶段，法律尚处于秘而不宣的状态，法律渊源主要有以礼、刑为主的习惯法和王的命令等，法律制度相对简陋，刑罚残酷。西周处于这一阶段的晚期，也是这一阶段法律发展的鼎盛时期，与夏商相比，西周统治者在“明德慎罚”思想指导下构建了较为系统的“礼刑并立”“出礼而入刑”的法律体系。

第二，“礼法对立”阶段。这一阶段涵盖春秋战国至秦朝的法律，是中国古代法律的奠基阶段，也是礼与法截然对立的阶段，以推崇法家“法治”思想为其总体特色。自春秋开始，随着井田制的瓦解，中国古代社会发生了激烈的变革，王权衰落，政权下移，维护宗法等级制度的礼治秩序遭受重创，而与之相对应，倡导帝王政治的法家“法治”主张和学说更加适应了当时各个诸侯国一统天下、唯我独尊的称霸要求，因此备受各个诸侯国君主的青睐。一时间，法家弟子活跃于各个诸侯国的政治舞台，变法图强、厉行“法治”，其中尤以商鞅在秦国的变法收效最大。商鞅变法之后，秦一跃而成为诸侯之首，并最终统一六国，建立了中国历史上第一个中央集权的封建王朝——秦朝。秦一统天下之后，继续推崇法家思想，实施“法治”，直至秦亡。

第三，“礼律合流”阶段。这一阶段是中国古代法律发展的高潮期，代表了中国古代法律文明发展的最高成就。与此同时，这一阶段也体现了中国古代法律儒家化的浓厚特色，强化了法律维护专制统治的工具作用，阻碍了中国古代法律文明的良性发展。“礼律合流”始于汉中期“罢黜百家，独尊儒术”治世思想的确立，历经三国两晋南北朝时期的发展，定型于隋唐时期。之后，“礼律合流”的主旋律一直回响在中华大地上，直到清末法制改革。在这近乎两千年间，以专制君主为首的封建统治集团在儒家“德主刑辅”思想的引导下，逐步将以汉儒董仲舒提出的“三纲”为代表的儒家道德观念融入以律为主的封建法律体系中，实现了封建法律的儒家道德化，成就了“一准乎礼”的《唐律疏议》、附有丧服图的《大明律》等影响深远的综合性法典，在礼法交响的法律文明的舞台上演出了一幕专制统治的大戏。

第四，“礼法分离”阶段。这一阶段，“一准乎礼”的中国古代法律走向没落，以西方法律文明为模型的近代法律体系初具规模。清朝末年，中国社会沦入半殖民地半封建社会，西方列强的铁蹄在中华大地上肆意践踏，生活在水深火热之中的中国人民的救亡图存运动此起彼伏，清政府的统治岌岌可危。内忧外患之际，清政府被迫于光绪二十七年（公元 1901 年）一月下诏变法，修订旧律，迈出了中国古代法律转型的具有历史意义的一步。其后，虽然由于清政府的覆亡，清末修律历时不足十年，所修新律有的未及颁行，有的未及全部实施，但在西方近代法律文化的研究和传播、中国古代法律制度的转型等方面，取得了很大的成就，初步建立了仿资本主义大陆法系的法律体系，使中国古代法律有了前所未有的改观，对于中国古代法律走向现代化功不可没。

从此，绵延数千年的中国古代法律退出历史舞台，中国法律开始艰难地走向新生。

三、本书思路与特点

笔者在本书的写作中主要突出了以下特点：

1. 不取全而取其精。中国古代法律文化博大精深，全面阐述的模式往往流于大而全、广而粗，难以激发青少年读者的阅读兴趣，即使勉强读完也只有泛泛的印象，脑海中勾勒不出古代法律文化的主线，因此无法激起他们对传统法律文化的认同感和应有的尊重与反思。基于这样的认识，笔者力图用“礼法”关系的演变串联几千年的法律文化史，不求每个阶段面面俱到，只对每个阶段的主要思想和制度进行解说，也不拘于历史阶段的完整性，只选择笔者认为对解说法律演变史最有价值的朝代来展开论述。

2. 精而不失其丰富性。古代中国的法律文化颇有特色也颇有建树，有着丰富的法律思想和一脉相承的法律制度，以及形形色色的法律变革与司法实践。本书虽然不以全景式的对传统法律文化进行大纲式的介绍，但并不因此而阙略传统法律文化的丰富性。相反的，笔者会不惜笔墨来展示传统法律文化的魅力，因为让青少年了解其丰富广博的面貌是笔者所追求的。

3. 趣味性与学术性并重。既然写给青少年读者，语言的运用和内容的选择与安排应当符合青少年读者的年龄层次，这是无可置疑的，但笔者并不想因此而使本书成为简易读本之类。笔者认为青少年读本在强调读者群的特点的同时也强调对古代法律文化的深入认识和思考，只有深入了解古人、了解古代法律的特点和精神，青少年才能对自己、对当今的国家和社会有理性的认识和思考，因此笔者在写作过程中不仅叙述，而且设问；不仅链接案例典故，而且链接古籍原典。

中国古代法律文化绵延流长，贯穿于中国古代社会的进程，了解其丰富的内涵、复杂的历史变迁，对于我们追寻理想生活将不无裨益。

第一章

“天讨”“天罚”与夏商法律

人类文明早期，生产工具非常简单，生产力低下，科学技术不发达，因此无法对自然界的种种现象和人类自身进行合理解释，久而久之，便产生了原始的天道观，认为冥冥之中是上天在安排着四时运行、年岁丰歉，是上天主宰着人类的生老病死、安乐苦难，因此人类只有敬畏上天、顺从天意，才能丰衣足食、安居乐业，也才能免遭上天施加给人类的惩罚。

人类文明早期，生产工具非常简单，生产力低下，科学技术不发达，因此无法对自然界的种种现象和人类自身进行合理解释，久而久之，便产生了原始的天道观，认为冥冥之中是上天在安排着四时运行、年岁丰歉，是上天主宰着人类的生老病死、安乐苦难，因此人类只有敬畏上天、顺从天意，才能丰衣足食、安居乐业，也才能免遭上天施加给人类的惩罚。这种原始的天道观反映在古代法律文化中，便是“天讨”“天罚”的神权法观念。

夏商时期，统治者一方面把祭祀上天作为国家重要政事来对待，以强调其统治权乃是上天所授，借助天的威望来巩固其统治地位；另一方面也将其为维护统治秩序而进行的征伐战争和刑事处罚等打上天意的烙印，从而借助黎民百姓对上天的敬和畏来宣扬其战争和刑事处罚的合理性、权威性。

中国法律的起源

在原始社会的大部分时间，人类社会关系主要由在生产和生活中形成的氏族习惯自发调整，没有也不需要法律规范来进行调整。比如：恩格斯在研究了人类和国家的起源后认为，"没有军队、宪兵和警察，没有贵族、国王、总督、地方官和法官，没有监狱，没有诉讼，而一切都是有条有理的。一切争端和纠纷，都由当事人的全体即氏族或部落来解决，或者由各个氏族相互解决。……一切问题，都由当事人自己解决，在大多数情况下，历来的习俗就把一切调整好了。"①

我国战国时期法家的代表人物商鞅也指出在神农时代，"男耕而食，妇织而衣；刑政不用而治，甲兵不起而王"②，为我们描绘了原始社会没有法律但秩序井然的状况；而儒家

① 《马克思恩格斯选集》第4卷，人民出版社1995年版，第95页。
② 《商君书·画策》。

文化则颇具理想色彩，把禹之前的原始社会描述为“人不独亲其亲，不独子其子。使老有所终，壮有所用，幼有所长，矜寡孤独废疾者，皆有所养。……谋闭而不兴，盗窃乱贼而不作，故外户而不闭”① 的大道畅行的大同社会。

这种状况在我国一直持续到原始社会末期，大致在尧舜禹时代甚至更早一些，法律开始萌芽。比如：商鞅说黄帝时代“内行刀锯，外用甲兵”②，也就是氏族内部成员违反氏族秩序的行为用以“刀锯”为代表的刑具来治理，氏族之间涉及争端则用“甲兵”（即战争）的方法来解决，这里的刀锯都是刑具，这也是古人造“刑”字时为什么从“刀”的本意。另一部古代的书籍《尚书》中则多有关舜帝时代设法制刑和施行刑罚惩治犯罪的记载，传说中的中国法律第一人——皋陶就生活在这个时代。

一、中国法律的鼻祖——皋陶

皋陶，也称咎繇（jiù yáo），相传是舜帝时代执掌刑狱的“士”，即我们今天的司法官。《尚书·舜典》中对舜帝任命皋陶做士一事做了记载：“皋陶，蛮夷猾夏，寇贼奸宄（guǐ）。汝作士，五刑有服，五服三就，五流有宅，五宅

① 《礼记·礼运》。
② 《商君书·画策》。

三居。惟明克允!"这段话翻译成现代汉语大意就是:"皋陶,现在外族侵扰我们中国,抢劫杀人,造成外患内乱。你来做士,五刑各有适用的对象和方法,分别在野外、市、朝三处执行;五种流放各有自己的处所,分别流放到三个远近不同的地方。(你做了士),一定要明察案情,公允处理啊!"《竹书纪年》也有相关记载,即"帝舜三年,命皋陶作刑"。

皋陶被任命为士之后,用五种刑罚辅助五品教化,天下大治,因而受到一致好评,后世也多传皋陶任职期间能够恪尽职守、秉公执法,所以当时社会无冤狱、无虐刑,而皋陶本人也一直被公认为是中国法律的鼻祖加以尊崇。

东汉王充《论衡·讲瑞》曰:"五帝、三王、皋陶、孔子,人之圣也。"把皋陶与五帝、三王和孔子并称为古之圣人,对他评价甚高。唐朝时,唐玄宗更是追认皋陶为李氏始祖,曾于天宝二年(公元741年)追封其为"德明皇帝"①。关于皋陶的传说在民间也广为流传,今山西省洪洞县有个村子叫士师村,又名皋陶村,以皋陶的官称和名字同时命名村子,可见皋陶其人其事的深远影响。另传皋陶死后葬在安徽六安,而今安徽六安城东有皋陶墓,墓前有清同治年间安徽布政使手书"古皋陶墓"碑刻一块,是六安县的重点保护文物。

---

① 《唐书·玄宗本纪(下)》。

据说皋陶有一只叫做獬廌（xiè zhì，也写作獬豸）的独角神兽，这只神兽能判断出谁是有罪的人，每当皋陶遇到疑难案件无法解决时，就恭敬地请出獬廌来断案，而獬廌也能不负众望，常常会用自己的独角去触有罪的人，从而使案情大白。后来，獬廌作为公正、正直的化身，成为中国传统法律的象征，受到历朝历代人们的推崇。相传在春秋战国时期，楚成王曾获一只獬廌，便依照其形状制成冠戴于头上，而国人也争相仿效，一时间，獬廌冠在楚国成为时尚。秦朝时，执法御史带着这种冠，汉承秦制也概莫能外。东汉时期，皋陶像与獬廌图成了官府中不可缺少的饰品，獬廌冠也被冠以法冠之名，从此成为一种习惯一直延续下来，直至清代，御史和按察使等监察司法官员都仍一律戴獬廌冠，穿绣有“獬廌”图案的补服。

今天，我们所使用的“法”字的繁写体为“灋”，拆开便是“水、廌、去”三部分，东汉许慎《说文解字》对此解释说：“灋，刑也。平之如水，从水；廌所以触不直者，去之，从去。”可见中国传统“法”与这只独角神兽息息相关，寓有要如獬廌般秉公断狱之意。

二、“刑始于兵”与“礼源于祭祀”

中国早期法律主要包含两部分，其一为与战争密切相关的“刑”，其二为在古代的祭祀活动中形成的“礼”。《汉书·刑法志》曰："圣人因天秩而制五礼，因天讨而作五刑。"意思是古之圣人顺应天的秩序而制定五礼，顺应天惩恶而制定五种刑罚，为我们诠释了"礼"与"刑"在中国早期社会并存并立的特点。

（一）"刑始于兵"

中国早期的刑与战争密切相关。相传，黄帝时就已经有了发端于部落战争中的"刑"，前文已提到商鞅说黄帝时代"内行刀锯，外用甲兵"，"刀锯"（即刑罚）与"甲兵"（即战争或征伐之意）同列，用以诠释其时适用于不同对象的刑罚方法。《汉书·刑法志》也有类似关于中国早期的刑的说法，即"大刑用甲兵，其次用斧钺；中刑用刀锯，其次用钻凿；薄刑用鞭扑"。其中"大刑""中刑""薄刑"分指由重至轻的刑罚种类，而"甲兵""斧钺""刀锯""钻凿""鞭扑"则依次列举了相应的刑罚工具。可见，当时，"甲兵"本身就是刑的一部分。《汉书·胡建传》中援引了《黄帝李法》的片段内容，颜师古注解说："李者，法官之号也，总主征伐刑戮之事也，故称其书曰《李法》。""李"既主征伐，又主刑戮，既是法官又是军官，这也反映了刑与战争之间的关系。又《辽史·刑法志》曰："刑也者，始于兵而终于礼者也。"则一语既道出刑产生于战争，又指明刑与礼相辅相成的关系。除此，我们今天关于夏商时期"刑"的了解很多出于当时的军法，比如：夏启征讨有扈氏时宣布军法："用命，赏于祖；弗用命，戮于社，予则孥戮汝。”① 服从命令的将得到赏赐，不服从命令的，将处以“孥”（通奴，指罚做奴隶）或“戮”（杀的意思）的刑罚，而类似的军法在商汤征伐夏桀、周武王征伐商纣王的战争中都发布过，刑与战争的关系由此可窥得一斑。

（二）“礼源于祭祀”

与战争密不可分的刑，仅仅是中国早期法的一部分，在认识中国古代法律的产生时，我们不能不把关注的目光投向早期法的另一部分——“礼”。

所谓“礼”，是中国古代社会长期存在的、旨在维护宗法血缘关系和宗法等级制度的一系列精神原则和言行规范的总称。从宏观上看，“礼”贯穿于整个中国古代法律文化之中，其中，西周时期礼制的发展，是中国古代社会“礼治”文化发展过程中的一个极为重要的阶段。

礼最早源于原始社会的祭祀活动。祭祀是先民社会生活中非常重要的一部分，当今考古发掘了很多古代祭祀所使用的祭器，或陶或玉或铜等，材质不一，但放在当时来讲都材质贵重、做工精良，非一般用品所能比，无疑说明了祭祀在当时的重要性。《说文解字》说：“礼，履也。所以事神致福也。”也就是说礼是用来祭祀天地鬼神，以求祈它们赐福于

---

① 《尚书·甘誓》。

人类的。祭祀活动进行时有主持者、参与者，有程序的安排，有祭祀用品的准备等，这些共同构成了先民祭祀的内容和秩序，亦即最初的礼的内容。由于祭祀活动的重要性，祭祀频繁进行，再加上先民对于祭祀活动秩序的敬畏，久而久之，祭祀之礼以其规范性和普遍性成为调整先民社会关系的重要行为规范。

经过千百年的传承和洗礼，主要规范祭祀秩序的礼逐渐被注入了反映血缘亲疏、等级尊卑的内容。在阶级明显分化、国家形成以后，礼被进一步理论化、系统化，并与刑一起，共同成为统治者构建国家秩序的重要工具。据载，夏商时期规范国家秩序的“礼”已经存在。孔子曾说：“殷因于夏礼，所损益，可知也；周因于殷礼，所损益，可知也。”① 这说明在夏、商、西周的礼制之间，存在着密切的渊源关系。

至西周，周公对礼进行了一次大规模的整理活动，形成了一个庞大的“礼治”秩序。《礼记·曲礼》说：“道德仁义，非礼不成；教训正俗，非礼不备；分争辩讼，非礼不决；君臣、上下、父子、兄弟，非礼不定；宦学事师，非礼不亲；班朝治军，莅官行法，非礼威严不行；祷祠祭祀，供给鬼神，非礼不诚不庄。”这段话表明从道德领域到国家政治领域、

① 《论语·为政》。

司法领域，从国家大事到家庭细事，从君臣关系到父子兄弟关系，礼都不可或缺。

自此，礼在国家生活和社会生活各个方面都发挥着广泛的规范作用，礼刑并立，共同维系着奴隶制国家的运转。

“天讨”“天罚”

人类文明早期，生产工具非常简单，生产力低下，科学技术不发达，因此无法对自然界的种种现象和人类自身进行合理解释，久而久之，便产生了原始的天道观，认为冥冥之中是上天在安排着四时运行、年岁丰歉，是上天主宰着人类的生老病死、安乐苦难，因此人类只有敬畏上天、顺从天意，才能丰衣足食、安居乐业，也才能免遭上天施加给人类的惩罚。这种原始的天道观反映在古代法律文化中，便是“天讨”“天罚”的神权法观念。

夏商时期，统治者一方面把祭祀上天作为国家重要政事来对待，以强调其统治权乃是上天所授，借助天的威望来巩固其统治地位；另一方面也将其为维护统治秩序而进行的征伐战争和刑事处罚等打上天意的烙印，从而借助黎民百姓对上天的敬和畏来宣扬其战争和刑事处罚的合理性、权威性。

夏初，夏启带兵去征讨反对其继承王位的有扈氏，开战前他在阵前誓师时说有扈氏忤逆上天，废弃政事，以致天所不容，他现在正是替天行道，带领将士们去“恭行天之罚”。

夏末，夏桀荒淫无道，商汤在伊尹的辅佐下前往鸣条（今山西运城安邑镇北）讨伐夏桀，开战在即，他誓师告诫士众曰：“有夏多罪，天命殛（jí，诛杀之意）之。……尔尚辅予一人，致天之罚，予其大赉（lài，赏赐之意）汝！尔无不信，朕不食言。尔不从誓言，予则孥戮汝，罔有攸赦。”①先是宣称自己乃是奉了上天的旨意来讨伐犯下众多罪行的夏，接着又申明赏罚、严肃军纪，其“天讨”“天罚”的征伐理由与夏启征讨有扈氏时如出一辙。最终，汤取得了这场战争的胜利，灭夏立商，开始了殷商王朝的统治。

商建立后，为借助神权的力量来加强王权，统治者把对天的崇拜和对王室祖先的崇拜联系起来，说“帝”（即万能的上天）是王的祖宗神，王是帝的嫡系子孙，从而合神权与王权为一。商王常常通过占卜的方式将自己的意愿转化为神意，以迫使人民服从自己的统治，其中也包括对定罪行刑问题进行占卜。

在科学技术不发达的中国古代社会，神权法观念一直影响着人们对法的认识，“灋”字本身无疑就是这种观念的产物。直到今天，中国老百姓还常常会对某些危害社会的

---

① 《尚书·汤誓》。

现象发出“天理难容”“天打雷劈”“天谴”“替天行道”之类的愤慨或感叹，正是“天讨”“天罚”观念的深远影响。

法律制度举要

处于古代法律起源阶段的夏商法律，由于年代的久远、文字的不发达，资料非常缺乏。《左传·昭公六年》曰：“夏有乱政，而作《禹刑》；商有乱政，而作《汤刑》。”据此，《禹刑》《汤刑》可能是夏商时期的刑典，也有学者认为是夏商时期刑的总称。二者均以王朝的开国元勋命名，极尽崇敬之意，但其内容后世并没有太多的流传，因此我们只能借助有限的资料，对夏商时期的刑事法律制度和司法制度做粗略的了解。

一、刑事法律制度

（一）刑罚种类

夏商时的刑罚体系初具规模，据记载，夏以前已经有五刑制度，古代文献《尚书》中《舜典》《大禹谟》等篇章都出现过五刑的说法，而商代的“五刑”由于有甲骨卜辞的印证，更为可信。五刑系夏商周时代的五种主要刑罚，总体可分为两大类，即死刑和肉刑，执行方式都极其残酷。

夏商时的死刑见于文献记载和甲骨文的有伐（以戈砍人头）、醢（hǎi，将人剁成肉酱）、脯（把人做成肉干）等多种，手段均非常残忍。《史记·殷本纪》载"炮烙之刑"，是将油涂抹于铜柱上，用火烧热，令罪犯在铜柱上行走，坠落后烧死于炭中，其状可谓惨绝人寰。

夏商时的肉刑主要有墨、劓（yì）、膑、宫，都是对犯罪者施以割裂肌肤、残害肢体的刑罚。墨刑，也称为黥（qíng）刑，是在犯罪者的面部或额上刺刻后，再涂以墨的刑罚；劓刑，即割掉犯罪者的鼻子；膑刑，或称刖刑、剕刑，一般指锯断犯罪者的足；宫刑，指毁坏罪犯生殖功能的刑罚。

（二）主要罪名

目前所知道的夏商时的罪名并没有完整的体系，只是古代文献中一些零散的记载。

关于夏时的罪名，比如：《尚书·甘誓》中记载夏启征讨有扈氏时宣布军法曰："弗用命，戮于社，予则孥戮汝。"据此，"弗用命"，也就是不用命、不听从命令，应当是当时使用的罪名了。又如《左传·昭公十四年》引叔向语："己恶而掠美为昏，贪以败官为墨，杀人不忌为贼。《夏书》曰：'昏、墨、贼，杀。'皋陶之刑也。"这段记载既有对昏、墨、贼的解释，又有对《夏书》的引证，应当是夏的时候沿用了皋陶制定的昏、墨、贼三个罪名。

关于商时的罪名，首先有不孝，《吕氏春秋·孝行》引《商书》曰："刑三百，罪莫重于不孝。"可见，不孝在当时是一种重罪了。《史记·殷本纪》曰："帝太甲既立三年，不明，暴虐，不遵汤法，乱德，于是伊尹放之于桐宫。"帝太甲是商汤的嫡长孙，伊尹先后辅佐商汤、帝外丙、帝中壬，位高权重。帝中壬去世后伊尹辅佐太甲继承王位，但太甲昏庸无道，不认真遵行先王的法度，也即不孝了，于是伊尹将他流放到桐宫（据传是汤的葬地）守丧、反省。由此，太甲遭流放，不孝可说是罪因之一了。

商代见于文献的罪名还有"三风十愆"。《尚书·伊训》记载："敢有恒舞于宫、酣歌于室，时谓巫风；敢有殉于货色，恒于游畋，时谓淫风；敢有侮圣言，逆忠直，远耆德，比顽童，时谓乱风。惟兹三风十愆，卿士有一于身，家必丧，邦君有一于身，国必亡。臣下不匡，其刑墨，其训于蒙士。"这段话中涉及三大类十种罪行，以及对获罪者的相应处罚。《伊训》是伊尹教导太甲的训辞，从前引"伊尹放太甲"典故中我们可看出伊尹地位之崇高，这段训辞又是借先王成汤之口道出，如此一来，这些罪行和刑罚一则应当是"汤法"的内容，再则具有最高的法律效力；从适用对象"卿士""邦君""臣下"来看，这十种犯罪行为主要针对的是商王朝的贵族阶层，是对统治阶级内部的规范；再从处罚手段看，"家必丧""国必亡"指以收回封地的方式惩治各级宗主，而对于处于贵族体系最低端的"臣下"，则由基层司法官"蒙士"以墨刑处罚。

除上述外，文献资料中也还有其他罪名的表述，但一如上述罪名一样，大多出自王或重臣发布的命、训之中，并未形成系统的定制，不再详述。

二、司法制度

夏商时期的司法制度建立在行政、司法、军事不分的基础之上。

在中央，王是最高的司法裁判者，集所有大权于一身。虽然其下也设有各有所司的职官，其中包括专门执掌刑狱的司寇及其属吏，但王掌握着生杀予夺和决定诉讼胜负的所有大权，重大案件均由其做最后的裁决。《礼记·王制》载："成狱辞，史以狱成告于正，正听之；正以狱成告于大司寇，大司寇听之棘木之下；大司寇以狱之成告于王；王命三公参听之；三公以狱之成告于王，王三宥，然后制刑。"这里史、正应当是级别低于司寇的司法官吏，当一件案件立案后，依次经过史、正的审理之后呈送大司寇审理，大司寇审理之后又呈送给王审理，王收到呈送的案件后，先是将案件交由三公会同审理，然后又在三公审理的基础上反复考虑、斟酌，最后才定罪量刑。《礼记》作为儒家经典，这一段关于圣王审慎治理刑狱的记载未免有为宣传儒家"仁治"而夸大的一面，但也帮助我们大致了解了上古时期对重大疑难案件的审理程序及审级制度，更重要的是，让我们看到了重大案件的最终决定权掌握在王的手中。

在地方上，司法权则由各级地方宗主（包括诸侯、卿大夫等）享有。各级宗主在其封地范围内也设有职能机构，其中包括司法机构，但与中央类似，这些机构也只是宗主权力的附庸。

由宗主独享全部权力，各级各类职能机构只作为宗主伸向其管辖疆域的“手”而设置。这样的政权建构模式在封建帝制时代亦为君主所青睐，以至几千年传统法律文化的衍传中，虽然一直存在相对独立的司法机构，但始终未能出现独立的司法。这成为中华法律文明发展的内置障碍，严重阻滞了法学学科的产生和法律文明进化的脚步。

• 知识链接

夏商国家政权建立在宗法制度的基础之上。宗法制度是中国古代维护贵族统治的一种制度，以西周最具代表性。按照宗法制度，王自称天子，王位由嫡长子继承，称为天下的大宗，是同姓贵族的最高族长，又是政治上的共主，掌有统治天下的权力。天子的众子分封为诸侯，领有封国，其位也由嫡长子继承，相对天子为小宗，在本国为大宗。诸侯是诸侯国内的大族长，也是本国政治上的共主，掌有统治本国的权力。诸侯的众子分封为卿大夫，也由嫡长子继承，相对诸侯为小宗，在本家为大宗，世袭官职，并掌有统治封邑的权力。以此类推，卿大夫也还分出有“侧室”或“贰宗”。在各级贵族组织中，这些世袭的嫡长子，称为“宗子”或“宗主”，以族长身份，代表本族，掌握政权，成为各级政权的首长。

案例与典故拾零

一、夏桀囚商汤

（一）案例简介

夏朝末年，政制废弛，道德衰败，于是诸侯纷纷背叛夏王朝。到最后一个王夏桀时，为政荒淫，导致民怨沸腾，诸侯叛离。与此同时，黄河下游的商部落首领汤却贤良无比，他以仁义治国，以礼貌待人，因而得到老百姓的拥戴，周围的诸侯国也都敬服他，与他和睦相处。随着汤声名远扬，夏桀感到自己的地位受到威胁，就将汤召去囚禁在钧台。汤被囚后，商相伊尹设计将他救了出来，并最终实现了灭夏立商的抱负。

（二）读案例学法史

钧台又叫夏台，是夏启大宴诸侯、举行开国典礼的地方。

此后，夏代诸帝践位、中央施政、与诸侯商议国事都在此，成为夏“皇宫帝苑”的重要组成部分。又因“夏桀囚商汤于钧台”，所以古钧台也被称为“中国第一座监狱”。现存古钧台，位于河南省禹州市，系康熙十八年（公元1697年）禹州知州于国壁筹资重建，上额书“古钧台”三字。

二、商纣王与酷刑

（一）案例简介

1. 醢九侯、脯鄂侯

据《史记·殷本纪》记载，西伯昌、九侯、鄂侯是商纣王时的三公，九侯有个漂亮的女儿，嫁给了暴虐荒淫的纣王。但由于九侯的女儿“不喜淫”，纣王非常生气，就杀了九侯的女儿，九侯也因此受到牵连被处以醢刑。鄂侯得知后就此事与纣王争辩，纣王不但不反思，反将鄂侯处以脯刑。西伯昌听说了这两件事，暗地里为纣王的暴虐直叹气，没想到这也被纣王的宠臣崇侯虎探知，并报告给纣王，于是纣王便将西伯昌囚禁在羑（yǒu）里。

2. 醢伯邑考

伯邑考系周文王姬昌（即西伯昌）的长子。周文王被囚羑里时，伯邑考正作为人质在商都（古时帝王为了约束诸侯，常将其儿子作为人质留在京都）。当时周文王的圣明广为流传，商纣王也有戒惧之心，为了考察文王是否如世人所传言的那么圣明，他就下令将伯邑考剁成肉酱，烹煮之后端给文王食用。其时，文王已知这是自己儿子的血肉做成的食物，但为了迷惑商纣王，就忍痛咽下。商纣王得知后沾沾自喜：谁说西伯昌是圣人？吃了自己儿子的肉都不知道的人还能是圣人？自此便放松了对西伯昌的警惕之心。其后，当西伯昌的部族献上美女珍异求释西伯昌时，纣王就收下礼物释放了西伯昌。

3. 比干剖心

比干是商朝第十六代王帝乙的弟弟，纣王的叔叔，时任商朝最高的政务官“少师”。据传帝乙临终前选择王位继承人时，比干力挺少子辛，即后来的纣王，因为他是“嫡长子”。帝乙死后，纣王即位，比干全力辅佐其治理国家，然而纣王却荒淫无道，废弃政事，而且不听劝谏，甚至对劝谏之人施以酷刑。面对这种情况，比干认为做臣子的当以死进谏，于是，他冒着生命危险，连续三天向纣王进谏，斥责他的一系列暴行。面对比干强谏，纣王恼羞成怒地说：“我听说圣人的心脏有七窍，我现在就看看是不是这回事。”说完，便命人剖开比干的胸膛，取出心脏观看。

（二）读案例学法史

1. 商纣王与嫡长子继承制

嫡长子继承制是古代宗法制下继承制度的重要原则，它合宗祧（王位、爵位等）继承和财产继承为一体，且必须由嫡长子继承。嫡长子即嫡妻（即正妻）所生的长子，“嫡”表示继承人血统的正宗与尊贵，即“立子以贵不以长”，也就是确定继承人时不选择年龄最大的，而是选择身份尊贵的(即嫡出的)；“长”则是在多嫡子前提下的继承人顺序，即“立嫡以长不以贤”，也就是如果嫡子不止一个，则立年龄最长的而不选最贤良的。这样的继承原则既保障血统的纯正性，又保障了继承的有序性。

商纣王就是按照嫡长子继承的原则继承王位的。夏商时代，王位的继承主要实行“父死子继”为主、“兄终弟及”为辅的原则，也就是父亲去世了由儿子继承王位为主，但也常常发生哥哥去世后弟弟继承王位的情况。这样，继承的顺序并不固定，以致家族内部经常为争夺王位而发生内讧，影响统治力量。比如：《史记》中记载说商朝从商王仲丁开始，弟兄们和叔侄们经常互相争夺王位，结果造成商王朝统治混乱、权威降低，以致诸侯们都不来朝觐。为了解决这一问题，自武丁之后，商朝便基本遵循父死子继的原则，并在晚期出现嫡长子继承的趋势，而商纣王正是实行这一制度的典型代表。《史记·殷本纪》记载说：“帝乙长子曰微子启，启母贱，不得嗣。少子辛，辛母正后，辛为嗣。帝乙崩，子辛立，是为帝辛，天下谓之纣。”这段话的意思是说，帝乙的长子是微子启，但启的母亲不是正妻，地位卑贱，因此启不能继承王位。辛是小儿子，但辛的母亲是正妻，所以辛成为王位的继承人。帝乙驾崩之后，辛继承了王位，这就是帝辛，天下称为纣。自此，嫡长子继承制成为历朝历代王位继承的重要原则。

2. 酷刑

根据史籍记载和对甲骨文的研究，商朝死刑的执行方式很多，上述案例中的醢、脯、剖等，即是其中的三种。醢，是指将犯罪者杀死并捣成肉酱；脯，是指将犯罪者杀死后晒成肉干；而剖则是将犯罪者杀死后剖开胸膛。当然，纣王时期所使用死刑执行方法还远不止这些，但其残酷却由此可见一斑。商纣王也因此与酷刑一起，在中国法律发展史上写下了血腥的一笔。

3. 羑里

也称做牖（yǒu）里，其遗址在今河南省安阳市汤阴县北。由于西伯昌被纣囚于羑里，因此羑里被认为是商朝的监狱。相传在西伯昌被囚的七年中，他将伏羲八卦推演为六十四卦，著成《周易》一书，这部书作为儒家经书之一，对后世中华文化有深远的影响，于是羑里又被奉为《周易》的发祥地。

第二章

“明德慎罚”与西周法律

西周统治者立足于宗法分封制度，在“以德配天”“明德慎罚”思想引导下，构建了礼刑并立、礼先刑后的奴隶制法律体系，对以“礼法结合”“德主刑辅”为特征的中华法系的形成产生了重要影响。

公元前11世纪，周灭商，建都镐京，发展成为我国历史上强盛的奴隶制大国。自建都镐京起，至公元前771年平王东迁洛邑止，史称西周。西周统治者立足于宗法分封制度，在“以德配天”“明德慎罚”思想引导下，构建了礼刑并立、礼先刑后的奴隶制法律体系，对以“礼法结合”“德主刑辅”为特征的中华法系的形成产生了重要影响。

西周的宗法制与分封制

宗法制与分封制是西周奴隶制政权的基石，对中国古代法律文化的发展产生了深远的影响。

宗法制由原始社会的父系家长制演变而来，它是指王位（或爵位）由嫡长子继承，其余诸子领有封地并拱卫和服从嫡长兄的家族组织和国家政权合为一体的一种政权组织形式，其实质在于保证夺取了政权的姬姓家族对全天下实行家长制的专制统治。分封制则指“封邦建国”，即古代帝王将自己所拥有的土地和臣民分封给同姓子弟或异姓功臣、亲族等建立诸侯国，以维系贵族间亲密关系的政治制度。宗法制与分封制紧密相连，西周统治者正是在分封制的基础上构建了完善的奴隶制宗法体系。

作为西周奴隶制政权的基石，宗法制具有以下几个特征：

第一，实行嫡长子继承制。宗法制下，从天子、诸侯王到卿大夫、士，每一代、每一级君主或领主的领地、身份以及相应权力、利益等都只能由宗主的正妻所生长子来继承。在各自的管辖范围内，嫡长子为“大宗”，其他兄弟、领主相对于嫡长子则为“小宗”。

第二，小宗服从大宗，诸弟服从长兄。周天子相对于其他领主来说是天下的大宗，其他领主则是小宗；同样，在诸侯国中，诸侯王是大宗。在各个相对应的关系中，小宗应该服从大宗，有向大宗纳贡、跟随出兵征伐等政治、经济或礼仪上的义务和责任；大宗则向小宗提供政治庇护，并有责任调解小宗之间的纠纷。在理论上，大宗有权力剥夺小宗的身份，降低其爵位，剥夺或缩小其领地。

第三，家国一体，任人唯亲。各级诸侯王、卿大夫、士，既是一种家族组织，又各自构成一级国家政权，共同向最高宗子——周天子负责。周王即周天子，既是天下的最高主宰，又是整个姬周大家族的大家长。在这种政治、血缘双重关系的宗法统治模式中，国家官吏与各级行政机构的选拔和设立，完全采用“任人唯亲”的原则，依照血缘关系的亲疏远近、与上一级领主的关系等因素来确定。

宗法制度是西周社会的基本结构，这种宗法统治的特征在于家族统治。在宗法统治之下，家族组织与国家制度合而为一，家族观念、家族成员间的伦理道德与国家的法律规范结合在一起，互为表里。由此也形成了西周法律制度的一些明显特征，比如说，保证国王家长式统治的权威、家族伦理与国家法律相融合、礼义教化与刑事镇压相辅相成等。

知识链接

据《荀子·儒效》记载，周初“立七十一国，姬姓独居五十三人”，即周初分封了七十一个诸侯国，其中周天子的同姓姬姓之国共有五十三个，占了其中的绝大部分。

“以德配天”“明德慎罚”

西周政权建立之后，统治者在夏、商两代“天讨”“天罚”的神权法基础上，发展出“以德配天”“明德慎罚”的法律思想，构建了礼刑并立、先教后刑的礼治体系，为中华法系礼法结合、德主刑辅特点的形成奠定了基础。

西周政权建立之初，统治者反思夏商统治的经验教训，创造性地提出了"天命靡常"[①]"皇天无亲，惟德是辅"[②] 的政治理论。大意是说，天命（即治理人间的权力）并不是固定不变的，作为世间万事万物的最高主宰，上天与人间君主并无直接的血缘关系，它只选择那些有德者，将天命赋予他们，并保佑他们完成自己的使命。人间的君主一旦失去应有的德性，就会失去上天的保佑和庇护，天命也会随之消失或转移，新的有德者所领导的新国家、新政权就会应运而生，取而代之。夏商被灭，正是由于夏桀、商纣的无德以致失了天命，分别被商、周所取代。因此，作为奉上天之命来统治万民的人间君主，应该"敬德""明德""以德配天"，才能真正保有天命，并得到上天的保佑和庇护，从而使国祚绵长。大体上，西周统治者认为人间君主应当敬天、敬宗、保民，也就是能够恭行天命、尊崇上天与先祖的教诲、爱护天下的百姓，做有德、有道之君，否则，上天便会剥夺其天命。

在"以德配天"的理论之下，西周统治者进一步提出了"明德慎罚"的法律思想。所谓"明德"就是实施德治、推行德教，也就是说，统治者治理国家要用"德教"的办法，通过道德教化，用道德的力量去教育、感化民众，使天下臣服以维护统治秩序；所谓"慎罚"是主张在适用法律、实施

---

① 《诗经·大雅·文王》。
② 《尚书·蔡仲之命》。

刑罚时应该审慎、宽缓，而不应用严刑峻法来迫使民众服从。由此，“明德慎罚”就是强调实施德教、用刑轻缓，道德教化与刑罚惩治相结合的治国方略。

在“以德配天”“明德慎罚”的理论体系中，“明德”是前提，是首要的。至于“德”的内容，西周统治者逐渐归纳成内涵广博的“礼”，臣民百姓只要按照“礼”的秩序去生活，整个国家和社会便井然有序，“礼”的核心是“亲亲”和“尊尊”。

所谓“亲亲”，即亲其亲者，就是要求在亲族范围内，人人都应亲爱自己的亲属，特别是以父权为中心的尊亲属，并按照自己的身份行事，做到“父慈子孝，兄爱弟敬，夫和妻柔，姑慈妇听”①，亲疏远近、尊卑长幼都有明确的次序。同时，“亲亲父为首”，即在家庭、家族关系中，应该承认并维护父家长的地位和权威，以父家长为家庭和家族的中心，子弟必须孝顺父兄，小宗必须服从大宗，分封和任命官吏必须“任人唯亲”，使亲者贵、疏者贱，并按嫡长子继承制代代世袭下去。

所谓“尊尊”，是要求在社会范围内，人人都要尊敬一切应该尊敬的人，人人都要恪守自己的名分，君臣、上下、贵贱都有明确的分野，有明确的等级秩序，下级必须尊敬和

---

① 《左传·昭公二十六年》。

服从上级，特别是必须尊敬和服从作为天下大宗的天子和一国宗主的国君，即“尊尊君为首”。

“亲亲”的核心是孝，“尊尊”的核心是忠。“亲亲”原则所维护的是以父权为中心的家庭、家族伦理关系；“尊尊”所维护的是以君权为中心的社会秩序。“实施德教，用刑宽缓”的目的，正是运用教化和刑罚的双重手段，要求天下臣民遵从这种严格的尊卑等级秩序，接受家长式的统治方式，从而使国家安定，社会和谐，使天下长治久安。在“以德配天”“明德慎罚”思想指导下，西周各代统治者把道德教化与刑罚镇压相结合，创造了一种特殊的“礼治”社会，形成了中国早期的礼刑并立、相辅相成的法制特色。

“以德配天”“明德慎罚”这种法律思想不仅在西周各种具体法律制度以及宏观法制特色的形成、发展过程中发挥了直接的指导作用，而且深深扎根于中国传统治世理论之中，被后世各朝统治阶层奉为政治法律制度的理想原则和正统的标本。西汉中期以后，“以德配天”“明德慎罚”的主张被儒家学派发挥成“德主刑辅，礼刑并用”的基本法律思想和法制方针，成为中国古代最具影响力的一种法律观念。

制礼作刑与西周的礼刑关系

一、周公制礼

周公是西周初年的重要政治家，名姬旦，系文王之子、武王之弟。在武王死后，周公悉心辅佐年幼的成王和康王，实现了历史上著名的“成康之治”，为保障姬周政权的稳固和促进社会的发展作出了重要贡献。

据《礼记》等早期文献的记载，周公在摄政期间，曾将夏、商两代的礼制加以折衷损益，加上周族自己原有的礼制，制定了一套通行全国的系统的礼制。对于周公整理礼制的活动，历史上称为“周公制礼”。经过周公制礼以后，整个社会都被纳入“礼治”秩序中。礼作为内涵广泛的言行规范调整着西周的社会关系，完全具备了现代法的功能和性质。

• 知识链接

周公东征

周灭商后，为了统治商朝的遗民，周武王把商王朝直接控制的领地分为四个区：原殷都朝歌封给纣王的儿子武庚掌管。朝歌以东地区为卫，封给武王的弟弟管叔掌管；朝歌以西地区为鄘，封给武王的弟弟蔡叔掌管；朝歌以北地区为邶，封给武王弟霍叔掌管，共同监视武庚，总称“三监”。

第二年，周武王病逝，其子姬诵即位，是为周成王。成王年幼，由周公旦摄政，代成王行事。管叔因企图继位，对周公旦摄政极为不满，于是散布流言，并煽动蔡叔、霍叔，怂恿武庚及东方诸方国，公开叛乱。周公旦面对来自内外两方面的敌对势力，多方权衡，决定兴师东征。

周公东征共历时三年之久，杀武庚和管叔，流放蔡叔，霍叔被废，彻底平定了三监及武庚之乱，稳固了初建的西周政权，也确立了自己的威信，为其随后所进行的一系列政治活动奠定了基础。

二、吕侯作刑

西周到第五代王穆王时，推行了一系列改革的措施。在法律方面，就是命令重要僚臣吕侯“作吕刑”，因吕侯又称“甫侯”，所以所作之刑也称“甫刑”。吕侯所作“吕刑”的具体内容已无法考证，但在记述中国上古时期历史的重要著作《尚书》中，有《吕刑》一篇，记载了此次穆王命吕侯进行法律改革的大致情况。从《尚书·吕刑》所反映的情况看，此次法律改革的基本精神在于贯彻西周初年提出的“明德慎罚”的法制指导思想，强调在国家司法工作中，从司法官吏的选择到具体执法的各个环节，都必须慎重、崇德。不过，《尚书》中的《吕刑》一篇，既不能看成是一部成文法典，也不是此次法律改革的直接成果，仅是关于这次法律改革的历史记录。

• 知识链接

《吕刑》片断

王曰："呜呼！敬之哉！官伯族姓，朕言多惧。朕敬于刑，有德惟刑。今天相民，作配在下。明清于单辞，民之乱，罔不中听狱之两辞，无或私家于狱之两辞！狱货非宝，惟府辜功，报以庶尤。永畏惟罚，非天不中，惟人在命。天罚不极，庶民罔有令政在于天下。"

【译文】

王说："啊！敬慎啊！诸侯国君以及同姓官员们，对我的话要多多戒惧。我重视刑罚，有德于老百姓的也是刑罚。如今上天扶助老百姓，你们在下面作天之配，应当明察一面之词，老百姓的治理，无不在于公正地审理双方的诉讼词，不要对诉讼双方的诉词贪图私利啊！狱讼接受贿赂不是好事，那是获罪的事，我将以众人之罪论处。永远可畏的是上天的惩罚，不是天道不公平，只是他们自己终结天命。上天的惩罚不加到他们身上，天下众民就不能享有美好的政治了。"

王曰："呜呼！嗣孙，今往何监，非德？于民之中，尚明听之哉！哲人惟刑，无疆之辞，属于五极，咸中有庆。受王嘉师，监于兹祥刑。"

【译文】

王说："啊！子孙们，从今以后，你们明察什么呢？难道不是行德吗？对于老百姓案件的判决，要明察啊！治理老百姓要运用刑罚，使无穷无尽的讼辞合于五刑，都能公正适当，就有福庆。你们接受治理王家的好百姓，可要明察这种祥刑啊！"

三、西周的礼刑关系

西周时期的"礼"与"刑"都是当时维护社会秩序、调整社会关系的重要社会规则。一方面，二者相辅相成，共同构成了西周社会完整的法律体系。其中，"礼"是积极、主动的规范，是禁恶于未然的预防；"刑"是消极的处罚，是惩恶于已然的制裁。也就是说，"礼"总是从正面主动地提出要求，对人们的言行做出正面的指导，明确地要求人们应该做什么、不应该做什么，可以做什么、不可以做什么，其功能重在"教化"；"刑"则相对处于被动状态，对于一切违背"礼"的行为，进行刑罚处罚，其功能重在制裁。凡是"礼"所禁止的行为，亦必然为"刑"所不容，即所谓"礼之所去，刑之所取"，"出礼则入刑"。

另一方面，"礼不下庶人，刑不上大夫"。"礼不下庶人，刑不上大夫"是中国古代社会中长期存在的一项法律原则。

各朝统治者经常以这项原则，作为为官僚、贵族提供法律特权的立论根据。“礼不下庶人”“刑不上大夫”原来并非连在一起，均源自《礼记·曲礼》。这里所说的“大夫”，泛指大夫以上的贵族、官僚；“庶人”则是指贵族、官僚和各级领主以外的平民。作为一项法律原则，“礼不下庶人，刑不上大夫”强调平民百姓与官僚贵族之间的不平等，强调对于官僚贵族等统治阶层社会特权的维护。

“礼不下庶人”强调“礼”是有等级、有差别的。天子有天子的礼，诸侯有诸侯的礼，庶人有庶人的礼。不同等级之间，不能僭越。比如说，天子可以有“八佾”，诸侯“六佾”，卿大夫“四佾”，不能以下凌上，僭越礼制。诸如宫室之礼、车马之礼、朝觐之礼等等，不仅在贵族、王室之间有严格的等级，而且这些“礼”庶人是不能享用的。同时，任何悖礼、僭越的行为，都会受到惩处。“刑不上大夫”也并不是说对大夫以上的贵族绝对不会适用刑罚。在实际政治中，大夫以上的贵族，如果实施谋反、篡逆等严重的政治性犯罪，同样会招致法律的严厉处罚。不过在一些非政治性领域，贵族官僚犯罪往往会得到许多特权，例如：贵族官僚触犯普通罪名时，是否给予处罚、给予什么样的处罚，并不是严格按照法律的规定，而是由上层贵族或周王根据不同的情况作出裁判，在大多数情况下，是减轻或免除其处罚的。另外，贵族、官僚在诉讼程序、刑罚处罚方法等方面也有系列特权。

例如：古代执行死刑一般要在公共场所进行，因为这样的处所人群比较聚集，在此行刑一方面令罪犯及其亲族受到羞辱，另一方面使观者受到警戒，从而不去以身试法，最终达到治理的目的。但是如果是贵族犯罪，且非谋反、叛乱之罪，则往往私下行刑，因为其尊贵的身份不能受普通老百姓的羞辱。

法律制度举要

由于历史久远，我们只能从有限的考古资料和历史文献中对西周法律制度做粗略的了解。

一、刑事法律制度

西周时期，宗法制度是整个国家和社会的基石，在这样的大背景下，法律也主要服务于宗法制度的稳固和完善，这尤其体现在刑事法律制度方面。

（一）宗法伦理色彩浓厚的犯罪

1. 违反宗族伦理的犯罪

在以血缘关系为纽带的宗法制度之下，孝是宗法伦理的最基本的要求，也是宗法体制中最核心的内容。因此，对于"不孝"及其相关行为的处罚，成为西周时期刑事打击的一个重点。在先秦史籍有关西周的历史记载中，"不孝""不友”“不悌”“不睦”等违背宗法伦常的罪名随处可见。其中，“不孝”被认为是最严重的犯罪，根据《尚书》的记载，周公就曾告诫康叔说：“元恶大憝（duì，怨恨），矧惟不孝不友。”对于这种行为，要“刑兹无赦”。在宗法体制之下，“不孝”“不友”的行为，所危害的不仅是家庭伦理和亲情关系，而且危害到整个宗法社会的政治体制和社会秩序，所以被视为“元恶大憝”，作为最严重的犯罪加以处罚。

2. 违反政治伦理的犯罪

宗法制度下，国家的政治伦理由宗族伦理发展而来，对应于孝，在政治伦理中占核心地位的是忠，因此，对于“不忠”及其相关行为的处罚，成为西周刑事打击的另一个重点。其中，突出的几个罪名有犯王命、放弑其君及违背盟誓等。

知识链接

放弑其君：在宗法体制之下，君父一体，对于处于君父位置的“尊长”来说，其优越地位有政治的和血缘、家族的双重保障，而对于处于臣、子位置的卑幼、下属来说，他们对尊长有政治的和伦理的双重义务。所以，臣、子放逐或逆弑自己的君、父，被看成是“逆天理”的恶行。对于此类罪行，无一例外要处以最为严酷的刑罚。《周礼》记载，“放弑其君则残之”，“杀王之亲者，辜之”。“残之”“辜之”，都是指要将罪人碎割、支解。在多数情况下，对于实施了此种犯罪行为的人，还要株连其家属。《礼记·檀弓》云："凡弑君者杀其人，坏其室，洿其宫而汙焉。"《大戴礼记·本命》也说："逆天者，罪及五世。"

违背盟誓：在先秦时代，"盟誓"是一种特殊的、但也具有很强约束力的规范形式。在当时的社会条件下，国王与各级封建领主之间，以及各级封建领主相互之间的政治隶属关系，相互之间的权利义务，大多是通过"盟誓"的形式来确定的。而不能违背盟誓，则是一种有极高强制性的习惯法规则。违背盟誓，也就是违背自己的庄严承诺，违背自己应该履行的义务。所以，违背盟誓也被看成是一项严重的罪行。对于此类行为，大多数情况下是"告而诛之"，即将其背誓的行为公告于天下，再行诛灭。

（二）略具雏形的刑罚体系

1. 奴隶制五刑为主体

西周时期，其主体刑罚体系，依然是夏商以来代代相传的"五刑"：墨、劓、剕、宫、大辟。按《周礼》的说法，西周时期有"墨罪五百，劓罪五百，宫罪五百，刖罪五百，杀罪五百"。《尚书·吕刑》也说西周时"墨罚之属千，劓罚之属千，剕罚之属五百，宫罚之属三百，大辟之罚其属二百，五刑之属三千"。

2. 徒刑、拘役刑等自由刑出现

西周出现了“圜土之制”，这是古代徒刑的雏形。据《周礼·秋官·大司寇》记载，大司寇职责之一乃“以圜土聚教罢民。凡害人者，寘之圜土而施职事焉，以明刑耻之”。“大司寇”是西周的中央司法官，也称刑官，“圜土”是西周时期的监狱，一般远离都城。“施职事焉”是指在狱中使其劳作，进行改造。这段话大意是说把罪犯关押在监狱里，令其从事一定的劳动进行改造。《周礼·秋官·司圜》也有类似记载，即“司圜掌收教罢民。凡害人者，弗使冠饰，而加明刑焉，任之以事而收教之”。“司圜”，顾名思义，乃掌管监狱的官吏。可见，西周不仅有监狱，而且专门设置了司圜来辅佐大司寇对监狱的罪犯进行管理。这种制度，后人称之为“圜土之制”。从《周礼》所反映的情况分析，可以说西周的“圜土之制”是中国有期徒刑的开端。因为，“凡圜土之刑人也，不亏体，其罚人也，不亏财”[①]，就是说既不属于残人肢体的身体刑，也不是罚人钱财的财产刑，而是限制受刑人自由并使之服劳役的劳役刑，同时，这种劳役刑是有期限限制的，即只要能改过的，“上罪三年而舍，中罪二年而舍，下罪一年而舍”，根据罪行轻重，关押一至三年不等。总体而言，“圜土之制”的施用对象是那些违犯法律或有罪过但尚不致适用五刑处罚的轻微犯罪人，是中国早期的有期

① 《周礼·秋官·司圜》。

徒刑。

西周还出现了“嘉石之制”，也是一种人身自由受到一定限制的劳役刑。据《周礼》记载，西周时期对于“害人者”，即对那些比送进圜土者更轻微的犯罪人的处罚办法是：“桎梏而坐诸嘉石，役诸司空。”这种制度，后人称为“嘉石之制”。“桎梏”是束缚手脚的刑具。“嘉石”是一种有纹理的大石，相传西周时立于朝门之左。按《周礼》的说法，“嘉石之制”就是将那些轻微犯罪人束缚其手脚，坐于“嘉石”一定时日，使其思过、悔改，然后交给司空，在司空的监督下进行一定期限的劳役。《周礼·秋官·司寇》规定：坐于嘉石的时间，重罪“旬有三日坐”即坐十三天，其次分别是九日、七日、五日、三日，共分五等。劳役的时间，重罪者为一年，其次分别是九个月、七个月、五个月，最轻者为三个月，也是分为五个等级。与“圜土之制”相比较，适用“嘉石之制”的罪犯应该更自由一些。

总之，西周所出现的这些刑罚种类使得古代刑罚种类从生命刑和身体刑延伸到自由刑领域，为刑罚制度的发展开辟了道路，是刑罚制度发展史上重要的一步。

3. 赎刑

赎刑是指用一定数量的财货来折抵刑罚的一种刑罚执行方法。《尚书·舜典》云：“金作赎刑。”“金”是指青铜，上古时期青铜是非常贵重的金属，多数时候作为货币而广泛应用于流通领域。据有关资料记载，早在夏朝时，中国就已经有了这种以贵重金属来抵赎刑罚的赎刑制度。《尚书·吕刑》中，就有关于西周穆王“训夏赎刑”的记载。在周穆王时吕侯奉命推行的法律改革中，一项重要内容就是总结历史的经验，改革西周的赎刑制度。根据《尚书·吕刑》及其他历史资料的记载，西周时期的赎刑制度已经比较完备。在西周时期，赎刑一般适用于疑案，或是针对少数上层贵族使用。用来赎抵刑罚的，主要仍是“金”，即青铜。按《尚书·吕刑》的说法，当时墨罪赎铜六百两，劓刑赎铜一千二百两，剕刑赎铜三千两，宫刑赎铜三千六百两，大辟即死刑赎铜六千两。数额如此巨大，当然只有上层贵族才能以铜赎罪。所以，赎刑制度实际上是一种保障少数贵族、官僚特权的制度。

4. 流刑

同赎刑一样，流刑在中国也有悠久的历史。据《尚书·尧典》记载，在尧帝时，就曾“放欢兜于崇山”。夏、商时期，也都有流刑的记载。流刑也是西周刑罚体系中的重要组成部分。据史籍记载，西周初年，商遗民首领武庚唆使管叔、蔡叔发动叛乱，周公东征平叛，“伐诛武庚、管叔、蔡叔放”。“放”即是流放。不过，在先秦时期，流放大多数时候仅适用于少数上层的贵族。

（三）体现“明德慎罚”的刑罚原则

西周时期的刑罚原则中有很多贯彻了“明德慎罚”思

想，下面择要予以介绍：

1. 三赦之法

据史籍记载，西周时期有“三赦之法”：“一赦曰幼弱，再赦曰老耄，三赦曰蠢愚。”① 也就是说，对于幼小的、年老的，以及有智力障碍的这三类人，如果触犯法律，应该减轻、赦免其刑罚。《礼记·曲礼》亦云：“八十、九十曰耄，七年曰悼。悼与耄，虽有罪不加刑焉。”这一原则正是西周时期“明德慎罚”的法律思想以及“亲亲”礼治原则在刑法定罪量刑方面的具体体现。作为一项“矜老恤幼”的典型制度，西周时期减免老、幼刑罚的做法，后世各朝都得以继承和发扬。在汉、唐时期，老幼犯罪减免刑罚的制度进一步规范化。

2. 疑罪从轻、从赦

“罪疑从轻”“与其杀不辜，宁失不经”，是关于中国上古时期、夏朝以前疑罪从轻的记载。这说明在中国历史上，适用法律审慎，有极为悠久的传统。西周时期，为保证适用法律的谨慎，继承和发扬了这一传统，在司法实践中贯彻和推行“罪疑从轻”“罪疑从赦”的原则，对于疑案难案，采取从轻处断或加以赦免的办法。《尚书·吕刑》云：“五刑之疑有赦，五罚之疑有赦。”这正是罪疑从赦原则的具体说明。据《周礼》记载，西周时期还有“三刺之法”，凡是重大或

① 《周礼·秋官·司刺》。

是疑难案件，要经过三道特殊程序来决定："一曰讯群臣，二曰讯群吏，三曰讯万民。"说明西周时期对于司法审判，特别是重大疑难案件的慎重。"罪疑从轻""罪疑从赦"原则的推行，也是西周"明德慎罚"思想的具体体现。

3. 宽严适中

基于"明德慎罚"的思想主张，西周时期在定罪量刑上强调"中道""中罚""中正"，要求宽严适中，不偏不倚。《尚书·立政》中的"兹式有慎，以列用中罚"，正是这方面的要求。

二、民事法律制度

西周是古代奴隶制的全盛时代，中国早期的社会文明在西周建立以后得到了较快的发展。在这种社会背景下，西周的民事法律规范也较先前丰富，涉及所有权制度、契约制度、婚姻继承制度等许多领域。

（一）所有权制度

西周所有权制度以维护奴隶主宗族国家所有制为核心。"溥天之下，莫非王土。率土之滨，莫非王臣。"《诗经》中的这几句话，是对中国古代社会最高统治者所拥有的极端权力的充分概括。从理论上说，在中国古代，天子被认为是"上天之子"，代表着上天来统治人间。天下的所有一切，包括土地、人民，最终都归天子所有。所以，在西周时期，天下最为重要的两项社会资源——土地与臣民，在理论上都属于周王所有。

在西周时期，实行政治上的分封制。这种逐级分封、层层占有的政治体制，实际上造成了西周时期所有权制度的分割。周天子通过“授民授疆土”的形式，将天下的土地和臣民封赐给各诸侯王，由各诸侯王实际占有、使用，享受收益，并可以进行再次封赐，形成各级更小的封建领主。在陆续出土的西周青铜器铭文中，就有大量关于封赠、赏赐的记载。但是，在理论上，对于土地和臣民的最终所有权，掌握在周王手中。周王可以赏赐，也可以收回，甚至可以动用武力，进行征伐，“削之”“眚之”，再转赠他人。这一特殊的政治体制，造成了西周时期对于土地、臣民的特殊的所有权形式。在西周时期，除在土地、臣民等与政治密切相关的特殊社会资源方面，对所有权有所限制外，对于一些基本的生活资料和生产资料、动产和不动产，包括被看成是物产的奴隶，各级封建领主乃至自由民，都拥有完全的所有权，可以进行自由的交换、买卖。

至西周中晚期，随着地方经济的发展，原有宗法制度和宗法观念逐渐松弛，一种新型的所有制关系——私人而非国家对于土地享有完全所有权的制度逐渐萌生。一个明显的例证，就是在西周中期以后，除原来出自周天子封赐，诸侯只能占有、使用、收益，而不能最终自由买卖的“公田”以外，还出现了完全由土地所有人自己控制，可以自由买卖、交换的“私田”。《诗经·大田》中所说：“雨我公田，遂及我私。”这种“公田”与“私田”的区分有力说明了当时土地私有制的出现。

（二）债和契约

据史籍记载，“债”的称谓在西周时期已经出现，称为“责”。《周礼》中说：“凡有责者，有判书以治则听。”这里的“判”，通“半”。即是说，如果债权人有双方各执一半的债务契约，官府即可受理这一债务纠纷。从文献资料所反映的情况看，西周时期的债权债务关系大致有两类：一是因契约而产生的债，一是因侵权和损害赔偿而产生的债。其中，前者是主要的表现形式。从西周青铜器铭文中，就可以看出因买卖、租赁而产生的债权债务关系。比如：《散氏盘》铭文中，就记载了一个因损害赔偿而产生的债权关系。该铭文记载说，一个名叫“矢”的贵族侵扰了另一贵族散氏的地盘，已经造成损害。有关官员根据受害者提出的赔偿要求，判决“矢”应负赔偿责任。

据史料记载，西周时期的契约关系也比以前有了较大的进步。在当时，比较普遍的契约形式有两种：一种称为“质剂”，一种称为“傅别”。《周礼·天官·小宰》上说，“听买卖以质剂”，说明“质剂”是使用于买卖关系中的契约形式。其中，"大市以质，小市以剂"[①]。"傅别"则是使用于借贷关系中的契约形式，《周礼·天官·小宰》中讲，"听称责以傅别"。即在一契券的正面、反面都书一大字，然后一分为二，借贷双方各执其一，以为凭证。在西周青铜器铭文中，有大量的关于买卖、借贷和租赁关系的记载。

（三）维系宗法制度的婚姻家庭制度

在宗法制度条件下，婚姻和继承制度构成了西周社会生活中的重要内容。正如《礼记·郊特牲》所说："男女有别然后父子亲，父子亲然后礼作，礼作然后万物安。""昏礼者，万世之始也。"由于宗法制是一种内涵广泛的政治制度，代表着一整套生活方式，所以婚姻、继承制度在西周时期往往带有婚姻继承以外的政治含义。

1. 婚姻的成立要件

西周婚姻的成立要件既有实质要件，也有形式要件，大体如下：

（1）一夫一妻多妾制。按照宗法制度的要求，从天子到诸侯到平民百姓，一个男子只能有一个"妻子"，即正妻。除正妻以外，男子还可以合法地拥有数量不等的侧室，即"妾"。《礼记·曲礼》云："天子有后、有夫人、有世妇、有嫔、有妻、有妾。"从文献资料所反映的情况看，各级诸侯、

---

① 《周礼·地官·质人》。

封建领主，甚至“匹夫”也有数目不等的妾媵。但是，按照宗法制度的要求，正妻只能有一个。正妻所生，是为“嫡系”，其他妾媵所出，是为“庶出”。正妻及其子女，与妾媵及所生子女，在家庭中有着明显不同的地位。这种嫡、庶之分，是为了保证家族延续和维持正常家庭关系的需要，对于维护和延续宗法制度有着重要的意义。

(2)“同姓不婚”。即禁止同一姓氏的家族成员之间的通婚行为。在中国历史上，“同姓为婚”是一项古老的禁忌。此项禁忌，主要基于两个方面的考虑。首先，长期的生活经验证明，“男女同姓，其生不蕃”。即是说，同姓结婚，会生下不强健的下一代，整个下一代的素质会下降，从而会影响整个家族、种族的发展。所以在西周时期，同姓为婚受到严格的禁止，凡同姓不问远近亲疏，均不得通婚。所以《礼记》上有这样的说法：“取妻不取同姓。故买妾不知其姓，则卜之。”其次，禁止同姓为婚，多与异姓结婚，有利于“附远厚别”，既通过联姻的方式，在政治上更多地与外姓结盟，以便更好地维护既定的统治秩序。

(3)“父母之命，媒妁之言”。《诗经》说：“娶妻如之何，必告父母。”“娶妻如之何，匪媒不得。”在宗法制度之下，婚姻的终极目的，除繁衍后代、承嗣家族以外，就是“合二姓之好”，绝非男女当事人个人之事。因此，婚姻的成立，基本前提就是“父母之命”。未经父母、家长同意而行婚姻之事，谓之“淫奔”，是不为礼法所容的。另外，婚姻的缔结，还须经过媒氏的中介，所谓“男女无媒不交”。据《周礼》的记载，西周时期在地官司徒之下，还设有“媒氏”一职，专门负责婚姻事宜。

（4）遵循婚姻六礼。除必须符合上述实质要件以外，在西周时期，婚姻的缔结还必须合乎一定的礼仪程式，这就是“婚姻六礼”。具体包括：纳采，即男方请媒氏携礼物到女方家提亲；问名，即在女方家长答应议婚后，男家请媒氏问明女子的生辰、身分，并卜于祖庙以问吉凶；纳吉，在卜得吉兆以后，男家携礼物至女家确定缔结婚姻；纳征，也称纳币，男家送财礼至女家，正式缔结婚姻；请期，即男家携礼物至女家，确定婚期；亲迎，即在确定之日，新郎至女家迎娶，至此婚礼始告完成，婚姻也最终成立。

西周时期的“婚姻六礼”，对以后各朝婚姻成立的形式要件产生了重要的影响。直至中国近代乃至现代，在一些乡村地区，缔结婚姻的形式仍然可以看见“婚姻六礼”的明显痕迹。

2. 解除婚姻的条件与限制——“七出”“三不去”

在西周乃至整个中国古代，婚姻的解除权掌握在丈夫及其家长手中，作为婚姻关系当事人的妻子，却没有任何权利和途径解除自己的婚姻。“七出”“三不去”就是中国古代男子解除婚姻的基本制度。

“七出”“三不去”中首先包含了男子可以解除婚姻的七种情况，即“七出”，具体指不顺父母（指公婆），去，因为“逆德”；无子，去，因为绝嗣不孝；淫，去，因为乱族；妒，去，因为乱家；有恶疾，去，因女方的疾病而不能共同生活；口多言，去，因为“间亲”；窃盗，去，因为“反义”。只要妻子出现以上七种情况之一，丈夫或者其家长就可以行使休妻权，单方解除婚姻关系。

不过，在崇尚礼的古代，在规定男子的休妻权的同时，也规定了对其行使休妻权的限制，即“三不去”。具体包含：“有所娶而无所归，不去”，是指女子出嫁时尚有娘家可回，但休弃时已无本家亲人可依，此时休妻将置女子于无家可归的境地，乃不仁不义之举，故不能休妻；“与更三年丧”，是指女子嫁入夫家以后，曾与丈夫一起为公婆守孝三年，则该女子已经对公婆尽子女之道，休之则是不义了，故不能休妻；“前贫贱后富贵”，则是指娶妻时非常贫贱，但以后逐渐变得富贵，按照礼制的要求，“妻者，齐也”，夫妻应为一体，贫贱时娶之，富贵时休之，义不可取，故不能休妻。“三不去”虽然对男子单方面行使休妻权作了一定的限制，但从其最终目的上来讲，主要是为了推行礼制，成就男子的美德，而并非真正把妇女当做婚姻关系的主体来对待。

“七出”“三不去”制度是宗法制度下父权和夫权专制的典型反映；作为西周时期婚姻制度的重要内容，其影响也极为深远。汉唐乃至明清，各朝法律中关于解除婚姻的条件和限制的相关规定，大体上都没有超出“七出”“三不去”的范围。

三、司法制度

西周以前，古代中国尚处在社会文明发展的初期，国家制度相对来说仍然比较简陋，作为国家制度重要内容之一的司法诉讼体制也显得比较粗略。进入西周以后，中国上古文明的发展出现巨大的飞跃，各项国家制度迅速完善起来，所以孔子感叹说：“周监于二代，郁郁乎文哉，吾从周。”西周建立以后，包括司法机关、诉讼制度在内的整个司法体制也进一步成熟起来。

（一）司法机关

1. 周王

在西周宗法制度的体制之下，周王是天下的最高主宰，因而西周的最高审判权掌握在周天子手中。作为国家的最高统治者和统治家族中的大家长，周天子对于诸侯间的争讼以及一些重大案件拥有不可争辩的最后裁决权。当然，在西周中期以后，随着西周王室的衰微，周天子所代表的中央政府对各诸侯国和地方政权的实际控制力逐渐减弱，周王也逐渐丧失了实际上的司法控制权。

2. 中央司法官员

在周王之下，中央主要司法官员是大司寇，辅佐周王处理全国的法律、司法事务。大司寇作为中央“六卿”之一，是西周中央政府的重要官员。按照《周礼》的记载，大司寇“掌建邦之三典以佐王刑邦国，诰四方”。同时，大司寇还具体负责“以五刑纠万民”“以两造禁民讼，以两剂禁民狱”“以圜土聚教罢民”“以嘉石平罢民”“以肺石达穷民”等一系列的司法工作。

在大司寇之下，设小司寇，作为大司寇的属官。小司寇的主要职责是“以五刑听万民之狱讼”，即负责具体案件，特别是王畿范围内发生的案件。除小司寇外，西周时期中央政府还设有士师、司刑、司圜、掌囚、掌戮等众多的司法属吏，分别负责管理监狱、执行刑罚等具体的司法工作。

3. 地方司法官员

在地方，各级封建领主在其领地内拥有相对独立的司法管辖权。但是，按照宗法制度的要求，在一些重要问题上，下级领主应该承认其宗主的裁判效力。据有关史籍记载，西周时在地方、乡村设有乡士、遂士等司法官员，负责处理所在地区的民事纠纷和轻微刑事案件。

（二）主要诉讼制度

从现存的历史资料看，西周时期对于案件的分类、控诉、审理、判决、执行等诉讼程序都有相应的规定。其中有些制度带有比较明显的早期社会的特色。

1. "五听"

通过对长期以来司法经验的总结和提炼，西周时期形成了审理案件的"五听"制度。所谓"五听"，是审判案件时判断当事人陈述真伪的五种观察方式，具体是指：

（1）辞听。即"观其出言，不直则烦"，就是观察当事人陈述时的语言表达，如果他语无伦次，说明所言非实。

（2）色听。"色听"是"观其颜色，不直则赧然"，就是观察当事人陈述时的面色，如果他面红耳赤，就说明所述非实。

（3）气听。"气听"是"观其气息，不直则喘"，即观察当事人陈述时的喘息，如果他所言非实，就会气喘吁吁。

（4）耳听。"耳听"是"观其听聆，不直则惑"，即观察当事人的听觉，如果他所言非实，就会听觉迟钝。

（5）目听。"目听"是"观其眸子，不直则眊（mào）然"，即观察当事人陈述时的目光，如果他所言非实，就会两目无光。

从"五听"的具体内容可以看出，西周时期已经开始注意到心理学的一些问题，并能够运用司法心理学的一些经验来处理案件。在距今将近三千年前的西周时代，就已经有这样系统而且细致的判案方法，也从一个侧面说明西周时期的文化、特别是法律文化已经达到了相当高的水平。

2. 证据制度

除“五听”制度以外，西周时期在审判案件时，也很重视证据的使用。《尚书·吕刑》曾说：“有旨无简不听。”就是说，在能证明其有作案动机，但客观上无真凭实据的情况下，不能仅根据动机定案。据史籍记载，西周时期审判案件，不仅要有当事人的陈述或口供作为依据，而且还要有相关的物证、书证来印证。比如说，有关土地争议的“地讼”，应“以图证之”。有关债务纠纷，则“有判书以治”，“正之以傅别、约剂”。同时，由于宗法制度的影响，在西周时期，当事人之间的盟誓也常常被作为重要的证据使用。《周礼》曾记载：“有狱者，则使之盟诅。”《曶鼎》等西周青铜器铭文中，都有关于引用盟誓来判决的记载。

3. 司法官的法律责任

西周时期，在“以德配天”“明德慎罚”思想指导下，西周统治者比较强调司法的审慎、宽缓。为达到这一目标，西周统治者对于司法官审理案件的法律责任也做出了一些要求和规定。在《尚书·吕刑》中，就记载了关于司法官法律责任的“五过”制度：“五罚不服，正于五过。五过之疵，惟官、惟反、惟内、惟货、惟来。”其中，“惟官”是指秉承上司旨意，官官相护；“惟反”是指利用职权私报仇嫌；“惟内”是指内亲用事，为亲徇私；“惟货”是指贪赃受财，敲诈勒索；“惟来”是指接受请托，枉法徇私。凡是司法官员有此“五过”之一，即要受到法律的惩处，惩罚的原则是

"其罪惟均"，即以所涉之案应处的刑罚罚之。

（三）西周时期的监狱

西周时期，监狱仍称为"圜土"，又称"囹圄"。《尔雅·释名·释宫室》解释："狱又谓圜土，盲筑土表墙，其形圜也。"郑玄解释说："圜土者，狱城也。"据史籍记载，西周时期的监狱因囚禁对象不同而有多种形式。

案例与典故拾零

一、鬲从诉攸卫牧案

（一）案情简介

此案在"鬲（gé）攸（yōu）从鼎""鬲从簋（guǐ）"两件西周青铜器的铭文中都有记载。大致案情是：周厉王三十二年（公元前846年），鬲从因为攸卫牧租赁了自己的土地却未偿付地租而将其告到周王处。周王了解案情后，命令将原、被告双方带到掌管司约的官员虢（guó）旅处，让违背契约的被告攸卫牧对司约官宣誓。虢旅让被告攸卫牧宣誓服罪说："我如果不全部付给鬲从租金，就甘愿被处以流放刑！"攸卫牧依虢旅所指示宣了誓，服从周王的判决。胜诉的鬲从因此而制作了鼎，将胜诉的案件镌刻于上，希望自己的子孙万代永远宝藏享用。

（二）读案例学法史

1. “鼎”和“簋”都是商周时期重要的礼器。鼎，原是古代的烹饪之器，相当于现在的锅，用以炖煮和盛放各种肉类，后演变成重要的礼器，被视为传国重器、国家和权力的象征，“鼎”字也被赋予“显赫”“尊贵”“盛大”等引申意义，如：一言九鼎、大名鼎鼎等。簋，古代盛食物的器具，圆口，双耳。宴享和祭祀时，以偶数与列鼎配合使用。据《周礼》记载，天子用九鼎八簋，诸侯用七鼎六簋，卿大夫用五鼎四簋，士用三鼎二簋。

“鬲攸从鼎”和“鬲从簋”皆为出土的西周后期厉王时的青铜器，前者刻有铭文一百零二字，后者有盖，盖上也刻有铭文，两篇铭文都是对上述同一案件的记载，可见胜诉方对判决结果非常满意，也非常重视。

出土文物既是文明的产物，同时还是文明的载体，其价值弥足珍贵。本案中所涉两件青铜器对研究西周的社会经济发展、研究西周后期土地使用权转移、租赁契约关系以及民事诉讼程序均有重大史料价值。

2. 本案所涉土地租赁契约一方面说明西周中晚期土地使用权可以通过租赁而转移，另一方面展示了契约的遵守在西周受重视的程度。

3. 此案所涉是契约纠纷，但在攸卫牧的誓言中可以看到如果他不守诺，可能会被处以流放刑，本是民事案件却以刑罚方法处罚，这正是中国古代民刑不分的例证。

4. 遵守契约要宣誓，恪守判决要宣誓，这应是神权法观念的影响。

二、牧牛诉上司案

（一）案情简介

此案载于“ 𠑇匜（音 yìng yí）”铭文中。有个叫牧牛的和他的上司 𠑇为争五个奴隶发生纠纷，牧牛告到官府，结果牧牛败诉。负责宣判的法官伯扬父在判词中说：“牧牛！你的行为被确定为诬告。你竟和你的上司打官司，你违背了先前的誓言。现在你已办理了誓词，到啬去见 𠑇，交还五个奴隶。既然已立下了誓词，你也应遵守誓词。最初的责罚，我本应鞭你一千……现在我赦宥你，应鞭你一千……现在我再赦宥你，鞭五百，罚铜三百锾。”伯扬父又叫牧牛立誓：“从今以后，我将干涉你的大小事，如果你的上司再把你告上来，就鞭你一千……”① 牧牛立了誓，交了铜，最后 𠑇作匜留念。

（二）读案例学法史

1. “ 𠑇匜”是个青铜器的名称。匜，古代盛水和舀水

① 参见蒲坚编著：《中国古代法制丛钞》，光明日报出版社 2001 年版，第 83 ~ 84 页。

的器具，一般底部有三足或四足。“𠑇匜”是一个叫“𠑇”的奴隶主贵族家中盛水的器具，1975 年 2 月，该青铜器出土于陕西省岐山县京当公社杜家村。这件青铜器高 20.5 厘米，重 4.85 公斤，器形整体像一只羊，盖前端为虎头，盖面呈琵琶形，四兽蹄足。器上总共有 157 字的铭文，是目前我国最早最完整的一篇诉讼判决书。“𠑇匜”因此被称为中国“青铜法典”。

2. 从这个案例中，我们可以至少获得这样几个信息：其一，西周时下属是不可以与上司争讼的，否则将予以重惩；其二，西周时为官要立誓；其三，本案以对牧牛宽宥处理结案。

第二章

“百家争鸣”与春秋战国法律

春秋战国时期，我国古代奴隶制逐渐瓦解、封建制逐步确立。适应这一社会大变革的需求，各种思想和学说纷纷产生，为新兴政权的建立和发展作了充分的理论准备。与此同时，维护旧奴隶主阶级利益的“礼治”秩序日趋衰微，而维护新兴地主阶级利益的法家“法治”秩序逐渐形成。公布成文法，以“法治”为指导思想变法革新、制定法典成为这一时期的主旋律。

春秋战国时期，我国古代奴隶制逐渐瓦解、封建制逐步确立。适应这一社会大变革的需求，各种思想和学说纷纷产生，为新兴政权的建立和发展作了充分的理论准备。与此同时，维护旧奴隶主阶级利益的“礼治”秩序日趋衰微，而维护新兴地主阶级利益的法家“法治”秩序逐渐形成。公布成文法，以“法治”为指导思想变法革新、制定法典成为这一时期的主旋律。

春秋时期成文法的公布

春秋初期，各诸侯国基本上沿用西周的法律。到中后期，由于经济基础的变革，阶级关系的变化，从而引起法律制度的变革，其突出表现就是各诸侯国相继公布了成文法，其中尤以郑、晋、楚等国为代表。

公元前536年，郑国执政子产，“铸刑书于鼎，以为国之常法”[①]，这是中国历史上第一次正式公布成文法典。

晋国早有制定成文法的记载，但公布成文法比郑国稍晚。据史书记载，晋平公（公元前557年—前531年在位）时，范宣子任晋国执政，曾制定刑书，据说这部刑书“施于晋国，自使朝廷承用，未尝宣示下民”，即可能当时并未公布。直到公元前513年，才被铸在鼎上予以公布，对此《左传·昭公二十九年》载：“冬，晋赵鞅、荀寅帅师城汝滨，遂赋晋国一鼓铁，以铸刑鼎，著范宣子所为刑书焉。”

至于楚国，史书中仅记载在春秋时曾两次制定法律，并不清楚公布与否。总之，制定并公布成文法已然是春秋时期的一种法律现象，这对中国古代法律的发展有着重大意义。

首先，成文法的公布打破了秘密刑的传统，使法律从一种隐而不宣的秘术转变为一种治国的“常法”。成文法的制定和公布，在一定程度上限制了旧贵族的特权，打破了“刑不可知，则威不可测”的壁垒，标志着奴隶制法制的瓦解，封建制法制的建立，从而促进封建生产关系的发展。

其次，成文法的制定和公布促进了立法技术的发展。制定和公布成文法的过程本身就是对先前零散的法律进行整理和修订的过程，这一过程一方面促成了法律条文的规范化，另一方面也初步构建了比较系统的法律体系。

---

① 《左传·昭公六年》。

最后，制定和公布成文法为战国时期各国变法革新、制定封建法典奠定了基础，促进了法律文明的发展。

• 知识链接

1. 叔向反对子产铸刑书

郑国子产公布刑书时，曾遭到晋国以叔向（晋平公时的太傅）为代表的旧贵族的反对。叔向写信给子产，认为历代帝王都是按照世代相袭的传统习惯来治理国家的，公布刑书会招致国家的灭亡，对其铸刑书的行为表示不满。子产则在给叔向的复信中，说明其制定和公布成文法在于“救世”。子产虽然出身郑国旧贵族，但他的改革适应历史的发展，从而给郑国带来新气象。

叔向，复姓羊舌，名肸，字叔向，春秋时期晋国绛州王守庄人，王守庄俗称羊舌村。叔向尽忠辅国，为国分忧，且能秉公办事。晋昭公四年（公元前528年），其弟叔鱼因受贿被邢侯所杀，韩宣子问其罪名，回答说：“同罪。”孔子赞扬他能“治国制刑，不隐于亲”。

2. 孔子反对晋国铸刑鼎

晋国铸刑鼎后，遭到孔子的反对。他说：“晋其亡乎，失其度矣。”意思是晋国恐怕要亡国了吧！因为失掉了原来的法度了。“度”，是奴隶社会尊卑贵贱的等级制度，绝不可错乱，而成文法的公布破坏了这种制度，因此孔子感叹：“贵贱无序，何以为国?”意思是：贵贱没有等级次序，还怎么治理国家呢?由此可见，孔子反对铸刑鼎的关键是不能接受由铸刑鼎而引发的对旧的等级秩序的破坏。

“百家争鸣”中的法律思想

春秋以来，以宗法制度为核心的奴隶制等级秩序渐趋解体，各个诸侯国争雄称霸、逐鹿中原，新的社会秩序逐渐生成。为适应这一时代背景的需求，代表不同阶级、阶层和集团利益的各派思想家纷纷登场亮相，展开“百家争鸣”，到战国时期达到了高峰。其中，在法律思想方面比较突出的是儒、法、道三家，下面分别予以介绍。

一、儒家的法律思想

“儒”原来是指专门从事教育和执掌礼义的人。儒家学派的创始人是孔子，孔丘一生广招门徒，传授知识，以“相礼”为业，是“儒”中的佼佼者，他的行为被人效法，他所说的话被人记载，因此他所创立的学派被后人称为儒家。

先秦儒家的代表人物主要有孔子、孟子和荀况。孔子主张以礼治国，寓法于礼；注重伦理纲常，维护等级特权；倡导德主刑辅，先教后刑。孟子继承和发展了孔子的思想，认为人君只有实行“仁政”和“以德服人”的王道，才能统一天下。所以，他反对“杀人以政”，强调“教以人伦”，重视道德的感化作用，否定专恃刑罚。而生活在战国末期的荀子则抛弃了儒家的一些不合时宜的思想，批判地吸收各家学说的精华，特别是把法家的“法治”思想纳入儒家的思想体系，明确提出了既“隆礼”又“重法”的思想主张，强调“隆礼至法则国有常，尚贤使能则民知方”①，礼法不可偏废，二者应相辅相成。

先秦儒家的法律思想可归纳为以下几个方面：

第一，“为国以礼”②。面对春秋末期礼崩乐坏的社会现状，儒家的奠基人孔子丝毫不放弃其对于西周初年“成康之治”的礼治盛况的推崇，强调礼是国家刑罚的指引准则，处于国家根本制度的地位，并身体力行，以“克己复礼”为自己终生的追求。

第二，先教后刑，恤刑慎杀，以德去刑。凭着重建礼治秩序的坚定信念，儒家特别注重对以“亲亲尊尊”为核心的宗法伦理道德的教化，强调要先教后刑，恤刑慎杀，并最终实现以德去刑。

“先教后刑”即先以儒家“亲亲尊尊”的伦理道德去教

① 《荀子·君道》。
② 《论语·先进》。

化民众、感化民众，教化不成再用刑罚。儒家代表孔子和孟子都主张"性善论"，认为君子与小人的区别是后天习染而成的，可以通过教化使小人弃恶从善，成为君子。因此，与刑罚相比，教化可以保持人善的本性，可以预防犯罪，还可以让罪犯良心发现，以最终达到"以德去刑"的目的。而儒家所追求的最理想的社会正是无刑、无讼的大同社会。反之，如果不施教化即用刑罚，则会形成"虐政"，所谓"不教而杀谓之虐"①。

在教化不成而必须施以刑罚的时候，儒家则主张恤刑慎杀，强调按照礼的原则对于犯罪行为从宽处理。

第三，德主刑辅，宽猛相济。儒家推崇西周的"明德慎罚"，但同时通过春秋战国的纷争，儒家已经意识到德的局限性，应该借助刑来辅助德的适用，因此孟子说："徒善不足以为政，徒法不能以自行。"② 不过，在二者的关系上，儒家仍然主张德主刑辅、德先刑后。《论语·为政》曰："为政以德，譬如北辰，居其所而众星共（同拱，围绕之意）之。"即是说，就像众星围绕着北极星一样，实施德治，施行德政，也会令天下臣民归顺。这无疑是在强调德治的优越性。因为儒家认为用政令和刑罚等手段虽然可以让民众不敢犯罪，但

① 《论语·尧曰》。
② 《孟子·离娄上》。

无法消除民众内心的犯罪动机，而用道德和礼教对民众进行教化，则能消除民众的犯罪动机从而自觉地遵守法制。

第四，圣贤治国，身正令行。儒家提倡圣人治国、贤人治世，立法、执法、司法的权力应当集中于圣贤的君主手中。与此相适应，儒家强调“身正令行”，认为君主个人的智能、道德与权威高于法律。

二、法家的法律思想

法家是先秦诸子中对法律最为重视的一派。他们以主张“以法治国”的“法治”而闻名，而且提出了一整套理论和方法，为后来建立的中央集权的秦朝提供了有效的理论依据，法家的“法治”思想大致可归纳为以下三个方面：

（一）重视“法治”，反对“礼治”

法家之所以被称为法家，是其强调以“法”治国，而此点正是与儒家所强调以“礼”治国的最大不同之处。法家的代表人物商鞅以重法著称，他极力主张以“法”代“礼”，反复告诫国君“不可以须臾忘于法”[①]。他认为，法之所以重要，是因为它具有“定纷止争”和“兴功禁暴”的作用，可见其以法来维护君主专制秩序的目的是很明确的。

作为法家“法治”的代表人物，商鞅在秦国大力推行

① 《商君书·慎法》。

"缘法而治"。商鞅认为："夫利天下之民者莫大于治，而治莫康于立君，立君之道莫广于胜法。"[①] 也就是说商鞅认为君主要想实现"治世"理想，莫过于实行"法治"了。在《商君书·画策》中商鞅进一步强调："民本，法也。故善治者塞民以法，而名、地作矣。"此处"民本"当指治民之本，商鞅认为，治民之本在于用"法"，治民以"法"，则做国君的便可威名远扬，国土广阔，王业有成，可见"缘法而治"是商鞅所倡导的王道实现的基本途径。

商鞅为了推行其"法治"的主张，对儒家所倡导的"礼治"学说进行了全盘否定，强调"仁义之不足以治天下"[②]。

（二）刑无等级，一断于法

"不别亲疏，不殊贵贱，一断于法。"[③] 这是司马迁对战国时期代表新兴地主阶级利益的法家思想的概括，实际上也是新兴地主阶级用以指导立法的思想。其中心是取消旧奴隶主贵族在法律上享受的特权，强调法律面前人人平等。所谓"亲疏"，是按血缘关系而规定的法律特权；"贵贱"，是按爵位的有无和高低享有不同的待遇。"一断于法"，是要求"自卿相将军以至大夫庶人，有不从王令、犯国禁、乱上制者，

---

① 《商君书·开塞》。
② 《商君书·画策》。
③ 《史记·太史公自序》。

罪死不赦”[1]。就是说，不论是谁，只要违法犯罪，都要按法律论罪处刑。这样，开始打破了奴隶制“刑不上大夫”的壁垒。不过，法家的“一断于法”并没有真正实现法律面前人人平等，因为法家的思想主张甚至变法改革都是服务于君主政治的，“一断于法”的“法”恰恰是君主的“法”，君主完全凌驾于法律之上，可以根据需要立法、废法，自身并不受其约束，从而“法”仅是君主治理国家的利器而已。

（三）法须公开、明白

“法者，编著之图籍，设之于官府，而布之于百姓者也。”[2] 这是法家集大成者韩非子所言。所谓“编著之图籍”，就是制定成文法；“布之于百姓”，就是要向百姓公布，使人人皆知法而又有法可依。公布成文法是法家思想理论发展和成熟的一个重要途径，至战国末期，制定和公布成文法已成为定制，这是法律发展史上的一大飞跃。

（四）重刑轻罪，以刑去刑

“重刑轻罪，以刑去刑”指使用重的刑罚去惩治较轻的犯罪，以达到刑罚不用即国家安定的目的。

法家的重要代表人物商鞅特别强调“禁奸止过，莫若重刑”[3]。实施“重刑”应从两方面来做，其一，与赏相对，应

---

① 《商君书·赏刑》。
② 《韩非子·难三》。
③ 《商君书·赏刑》。

该"刑多而赏少","先刑而后赏",除有功于农、战和告奸以外,反对滥赏,并应将刑罚置于首位。刑罚的比例应当大大超过赏赐,最好是"刑九赏一"。其二,重刑轻罪。商鞅认为要想禁奸止过,最有效的办法莫过于重刑轻罪,因为"行罚,重其轻者,轻者不至,重者不来,此谓以刑去刑,刑去事成"①。即以重刑惩治轻罪,这样民众会因为害怕而不敢以身试法,最终达到没有犯罪因此无需用刑的目的,而不需要刑罚则意味着国家安定,社会得到了有效治理。

三、道家的法律思想

道家是以老子和庄子为主要代表的一个学派,因其以"无为而无不为"的"道"作为万物的本源和自然界与人类社会的最高主宰而得名。道家最理想的治国方法,就是"道法自然","无为而治"。

在中国法律思想史上,道家最早提出"道法自然"的观点。道家认为:"道"是宇宙的本体,主宰着天地万物,普遍而无私,并且有自己的运行规律,不受任何人的意志影响。与礼、法相比,"道"是最高的原则,统治者只有顺应自然,按照自然法则办事,才符合"道"的精神;统治者只有"惟道是从",才能保持自己的统治。

① 《商君书·靳令》。

与此同时，道家强调“无为”，进而达到“无为而治”。概括起来有两个方面：其一是统治者少干涉，少作为。正如《老子·第五十七章》所载：“我无为而民自化；我好静而民自正；我无事而民自富；我无欲而民自朴。”表现在法律制度上，就是要薄赋轻敛、廉政轻刑，反对法令膨胀、穷兵黩武。其二是被统治者要“无知无欲”。道家认为，对于被统治者，要采取愚民政策来窒息人民的反抗思想和麻痹人民的斗志。因此道家极力反对开发民智，要从精神、物质上杜绝一切能够激发民智和引起争端的措施。

道家“无为而治”的法律观，是针对儒家的“礼治”，法家的“法治”等主张而提出的。老子认为，作为儒家“礼治”的仁、义、忠、孝等原则，是失去了“道”之后，社会家族不和、尔虞我诈、秩序混乱等病态的反映；对于法家，老子认为法家的“法治”是与自然相违背的人为之道，是欲治反乱的倒行逆施。他说“法令滋彰，盗贼多有”，即统治者制定的法令越多，民众就越陷入贫困，盗贼也就越多。老子反对以“法”治国，但他的很多观点却被后来的法家继承并加以改造。《庄子·天道》篇也说：“赏罚利害，五刑之辟，教之末也；礼法度数，形名比详，治之末也。”旗帜鲜明地反对“礼治”和“法治”。

总之，道家认为“道”无所不在，无往不胜，君主只能“惟道是从”“无为而治”。

• 知识链接

墨家学派是以墨翟的姓命名的，这是一个有严格组织和严格纪律的团体，其成员叫"墨者"，他们大多数出身小生产者，特别是小手工业者，经常过着极端刻苦的生活，节俭自励；一般又都有助人为乐、见义勇为的自我牺牲精神。

墨家的纪律叫做"墨家之法"，以"兼爱"和"非攻"为基本精神，以"杀人者死，伤人者刑"为主要原则。"墨家之法"还规定：到各诸侯国做官的墨家弟子有义务将其所得俸禄的一部分贡献给墨家团体；弟子在外必须宣传墨家学说，遵守墨家纪律，如果背弃墨家基本精神，墨家领袖有权随时把他召回。

在秦国有一个叫腹䵍（fùtūn，人名）的墨家子弟，他的儿子杀了人，秦惠王念他年老，只有这么一个儿子，就没有追究他儿子的杀人之罪。腹䵍对秦惠王说："墨者之法曰：'杀人者死，伤人者刑。'此所以禁杀伤人也。……王虽为之赐，而令吏弗诛，腹䵍不可不行墨者之法。"① 秦惠王只得杀了他的儿子。

---

① 《吕氏春秋·孟春季·去私》。

战国时期的变法

中国古代社会经过春秋时期的长期动荡与争霸战争，到战国时形成了齐、楚、燕、韩、赵、魏、秦七国争雄的局面。各诸侯国为了巩固新兴地主阶级政权，加强对农民的控制与剥削，赢得兼并战争的胜利，纷纷任用主张“法治”的法家代表人物，进行社会政治经济改革，掀起了变法运动。变法措施的推行，促进了生产关系的变革，使劳动者的生产积极性大大提高，促使社会经济呈现繁荣的景象。

各诸侯国所进行的变法革新中，最突出、最显著的是魏国的李悝变法和秦国的商鞅变法。其中，李悝变法的突出成果是制定了中国历史上第一部封建性质的成文法典《法经》，商鞅变法则促进了秦国的昌盛，并为秦朝法律的制定奠定了坚实的基础。

正是借助一系列适应新兴生产关系发展的变法改革，偏居西隅的秦国逐渐脱颖而出，称雄诸侯，最终并吞六国，结束了中原的分裂局面，从此，中国社会进入封建专制阶段。

一、李悝变法与《法经》

（一）李悝变法

李悝（公元前 455 年—公元前 395 年），也叫李克，是战国初期的政治家，也是前期法家的主要代表人物之一。曾相魏文侯，力主变法改革，提倡“法治”。其变法主张主要有三个方面：

1. 经济方面，推行“尽地力之教”和“善平籴（dí)”

“尽地力之教”主要是鼓励开垦荒地和提高单位面积产量，废除井田制，发展土地私有制；“善平籴”则是国家在丰收之年收购一定数量的粮食，用来备荒，荒年由国家出售一定的粮食，以平衡粮价，防止旧贵族和大商人囤积居奇。

2. 政治方面，废除世卿世禄制度，任人唯贤

李悝将贵族子弟称为“淫民”，主张“食有劳而禄有功，使有能而赏必行、罚必当”，要求“夺淫民之禄，以徕四方之士”，建立按功劳才干大小予以任用的新型官僚制度。

3. 法律方面，制定封建法典《法经》以维护新政权所建立的统治秩序

（二）第一部封建法典——《法经》

《法经》原文早已失传，《晋书·刑法志》在叙述魏明帝制定新律之前承用旧律的情况时，对《法经》进行了追溯，据记载表明，从《法经》到秦律，再到汉律，再到魏明帝时的《新律》，历朝历代的法典前后衔接、辗转承继，而《法经》则是最早的蓝本，对此，唐朝的法典《唐律疏议》也有类似记载。

根据记载，《法经》共有六篇，即《盗》《贼》《网》《捕》《杂》《具》，其中前四篇主要是规范盗、贼犯罪及对其进行追捕、惩治的法律规定；《杂》篇主要是惩治盗贼罪以外的其他犯罪的规定，包括轻狡（盗窃兵符玺印或议论国家法令等政治狡诡行为）、越城（翻越城池或偷渡关津的行为）、博戏（赌博欺诈行为）、借假不廉（贪污腐败行为等）、淫侈（奢侈淫逸行为）、逾制（即越级享用不该享有的特权或器物服饰）六种犯罪行为；《具》篇则相当于近现代刑法的总则部分。

《法经》是我国封建社会最早的一部初具体系的法典，初步确立了封建法制的基本原则和体系，在我国法制史上具有重要意义。

第一，总结了春秋战国时期的立法经验和成果，代表了当时的最高立法成就。

第二，《法经》对当时封建经济的形成和巩固，起到了一定的积极作用。《法经》颁布的本身，就是封建制胜利的标志，它是作为封建经济基础的上层建筑的一个重要组成部分。正因为如此，加上魏国其他有关富国强兵政策的推行，据《吴子·图国》所记，当时魏国曾“辟土四面，拓地千里”，成为战国初期强盛一时的大国。

第三，《法经》初步确立了封建成文法的基本原则和体系，对其后历代立法都产生了重要影响，成为后世封建立法的蓝本。

二、商鞅变法

春秋战国时期，秦国的孝公即位以后，决心图强改革，便下令招贤。商鞅自魏国入秦，并提出了废井田、重农桑、奖军功、统一度量衡、实行郡县制等一整套变法求新的发展策略，深得秦孝公的信任，任他为左庶长，开始变法。经过商鞅变法，秦国的经济得到发展，军队战斗力不断加强，发展成为战国后期最富强的封建国家。商鞅在秦国两次发布变法令，其内容主要涉及两大方面：一方面是经济的，另一方面是政治的。

（一）经济方面的变法改革

商鞅对经济的改革以废除井田制、实行土地私有制为重点。内容如下：

1. 废井田、开阡陌

商鞅在经济上推行的重大举措是"废井田、开阡陌"。《史记》记载：商鞅"为田，开阡陌封疆，而赋税平"。《战国策》说商鞅"决裂阡陌，教民耕战"，废止"田里不粥（"粥"同"鬻"，音 yù）"的原则。所谓"阡陌"，指"井田"中间灌溉的水渠以及与之相应的纵横道路，纵者称"阡"，横者称"陌"。"封疆"就是奴隶主贵族受封井田的界限。"开阡陌封疆"就是把标志土地国有的阡陌封疆去掉，废除奴隶制土地国有制，实行土地私有制，从法律上废除了井田制度。法令规定，允许人们开荒，土地可以自由买卖，赋税则按照各人所占土地的多少来平均负担。变法的结果是破坏了奴隶制的生产关系，促进了封建经济的发展。

2. 重农抑商、奖励耕织

商鞅推行重农抑商的政策。商鞅颁布的变法令规定，生产粮食和布帛多的，可免除本人劳役和赋税；以农业为“本业”，以商业为“末业”，因弃本求末，或游手好闲而贫穷者，全家罚为官奴；招募无地农民到秦国开荒。为鼓励小农经济，变法令还规定凡一户有两个以上成年的儿子，必须分家立户，独立谋生，否则要加倍征收赋税；禁止父子兄弟（成年者）同室居住，推行小家庭政策。这些政策有利于增殖人口、征发徭役和户口税，发展封建经济。

3. 统一度量衡

商鞅变法前，秦国各地度量衡不统一。为了保证国家的赋税收入，商鞅制造了标准的度量衡器，现收藏于上海博物馆的传世之青铜器“商鞅量”，是秦孝公十八年（公元前344年）商鞅变法时所造标准量器，上有铭文32字，明确记载了制造的年代及标准。由量器及其铭文可知，当时统一度量衡一事是十分严肃认真的。商鞅还统一了斗、桶、权、衡、丈、尺等度量衡，要求秦国人必须严格执行，不得违反。

商鞅统一度量衡具有重大意义：第一，全国上下有了标准的度量准则，为人们从事经济、文化的交流活动提供了便利的条件；第二，对赋税制和俸禄制的统一产生了积极作用；第三，有利于消除地方割据势力的影响，统一全国经济政令；第四，为其后秦始皇统一度量衡奠定了坚实的基础。

（二）政治方面的变法改革

商鞅对政治的改革是以彻底废除旧的世卿世禄制、建立新的封建专制主义中央集权制为重点。他在这方面的贡献远远超过李悝和吴起。主要内容如下：

1. 奖励军功，实行二十等爵制

商鞅下令“有军功者，各以率受上爵；为私斗争，各以轻重被刑”，即奖励军功而禁止私斗。规定爵位依军功授予，宗室非有军功不得列入公族簿籍，即“有功者显荣，无功者虽富无所荣华”。就是说有功劳的贵族子弟，可享受荣华富贵；无功劳的，虽家有资财，但没有政治上的地位。

制定二十级爵的做法，意味着商鞅彻底废除了旧世卿世禄制，今后将根据军功的大小授予爵位，官吏从有军功爵位的人中选用。二十级军爵分别为：一级公士，二级上造，三级簪（zān）袅（niǎo），四级不更，五级大夫，六级官大夫，七级公大夫，八级公乘，九级五大夫，十级左庶长，十一级右庶长，十二级左更，十三级中更，十四级右更，十五级少上造，十六级大上造，十七级驷车庶长，十八级大庶长，十九级关内侯，二十级彻侯。各级爵位均规定有占田宅、奴婢的数量标准和衣服等次。

而所谓私斗，并不是指一般人打架，而是指“邑斗”。“邑”是指一般的城镇，被奴隶主所占有。奴隶主之间为了争夺土地、财产，经常发生争斗。新法规定不准私斗，目的在于削弱奴隶主的势力，加强封建中央集权。严惩私斗的做法是：为私斗者，各以情节轻重，处以刑罚。

由于推崇战功，秦国军队的战斗力大大增强。秦国在对外战争中，国力进一步增强，从而扭转了长期以来被动落后的局面。公元前355年，秦孝公与魏惠王在杜平相会，结束了秦国长期不与中原诸侯会盟的被动局面，提高了秦国的地位。秦国还用武力逐步占有了土地肥沃、农业发展水平较高的巴蜀地区和盛产牛马的西北地区，社会生产得到迅速发展，从而奠定了秦统一的物质基础。

2. 除世卿世禄制，鼓励宗室贵族建立军功

《史记》记载，商鞅变法规定：“宗室非有军功论，不得为属籍。”即依军功大小定贵族身份之高低。该规定沉重打击了奴隶主旧贵族，因而，招致了他们的怨恨，以致“商君相秦十年，宗室贵戚多怨望者”[1]。历史上任何一次变法，不仅是一种治国方略的重新选择，而且是一种利益关系的重新调整，这也是改革受阻的真正原因。

---

① 《史记·商君列传》。

3. 改革户籍制度，实行连坐法

秦国的都、乡、邑、聚原来都是自然形成的大小居民点。商鞅为了加强封建专制的统治，管理广大居民，规定居民要登记各人户籍。商鞅还推行重刑轻罪，除将魏国李悝的《法经》颁布实行，还增加了连坐法。主要内容是：居民以五家为"伍"、十家为"什"，将什、伍作为基层行政单位。按照编制，登记并编入户籍，责令互相监督。一家有罪，九家必须连举告发，若不告发，则十家同罪连坐。不告奸者腰斩，告发"奸人"的与斩敌同赏，匿奸者与降敌同罚。

4. 推行郡县制

商鞅在政治方面的重大改革是"集小都乡邑聚为县"，以县为地方行政单位，废除分封制，"凡三十一县"（也有史书认为是四十一县或三十六县）。县设县令以主县政，设县丞以辅佐县令，设县尉以掌管军事。县下辖若干都、乡、邑、聚。商鞅通过县的设置，把领主对领邑内的政治特权收归中央。该措施有力地配合了"废井田、开阡陌"政策，用政治手段保证了土地私有，巩固了中央集权的封建统治，削弱了豪门贵族在地方的权力。

后来，秦在新占地区设郡，郡的范围较大，又有边防军管性质，因之郡的长官称郡守。后来郡内形势稳定，转向以民政管理为主，于是郡下设若干县，形成秦的郡县制。

（三）商鞅变法的历史意义

1. 助秦国成就霸业、完成统一

春秋时期，秦国在政治、经济、文化等各方面还是比较落后的国家，进入战国以后，关东各国还对其以落后的“夷狄遇之”。史载，秦国“不与中国诸侯之会盟”。到孝公时，决心振兴，下令招揽贤才。这时，商鞅来到秦国，辅佐孝公变法。变法“行之十年，秦民大说（悦）”，收到良好的效果。商鞅变法时，剥夺了旧贵族的特权，甚至太子犯法，便“刑其傅公子虔，黥其师公孙贾”。从而，“宗室贵戚多怨望”，引起旧贵族的忌恨。孝公死后，子惠文王继位，旧贵族公子虔等人便诬陷商鞅谋反，结果商鞅被车裂而死。

商鞅虽死，其法未败，秦统治者继续沿用新法。新法的推行，促进了秦国生产力的发展，使“秦人富强”，秦国大治，从而为秦国后来完成统一大业奠定了基础。商鞅变法引人注目，历来多有评说，如《新序》所云：秦之“国富兵强，长雄诸侯，周室归籍，四方来贺，为战国霸君，秦遂以强，六世而并诸侯，亦皆商君之谋也”。东汉王充也说：“商鞅相孝公，为秦开帝业。”① 所有这些，都说明秦统一大业的完成与商鞅变法有着直接关系。

2. 改“法”为“律”，是法律制度发展的一个标志

① 《论衡·书解》。

商鞅“改法为律”之说始于《唐律疏义》和《唐六典注》，可谓由来已久。“律”原意指定音的竹笛，后来也指音乐的旋律、节拍，主要含义是稳定。商鞅用“律”字代替了“法”字，目的主要是为了阐明法律的稳定性和普遍适用性，把法律解释为一种稳定的必须普遍遵守执行的条文。即突出强调法律规范的普遍性、稳定性、必行性，具有“范天下之不一而归于一”[①] 的功能。“改法为律”，是在法律观念上的又一进步，对于秦国法制的统一和发展具有积极意义。在商鞅改法为律之后，中国古代社会的法典一般都用“律”来做名字，如秦律、汉律、唐律、明律、清律等。

3. 商鞅变法为秦国乃至秦朝法律体系的建立奠定了基础

商鞅提出了一系列的“法治”理论和推行“法治”的方法，在法律上确立了中央集权制，为秦始皇建立统一的封建政治制度和法律制度奠定了坚实的基础。

• 知识链接

徙木为信

商鞅变法的法令准备就绪后并没有马上公布，因为他担心百姓不相信新法。于是，在法令公布前，商鞅在国都集市的南

---

① 清段玉裁《说文解字注》。

门外竖起一根三丈高的木头，并张贴告示：

“有谁能把这根木头搬到集市北门，就给他十金。”老百姓看到告示觉得很奇怪，议论纷纷，没有人相信这是真事，因此大家只是围观，没人出来搬动木头。商鞅便又出示布告说：“有能搬动的给他五十金。”有个人壮着胆子把木头搬到了集市北门，结果商鞅立刻命令给他五十金，以表明他说到做到。看到已取得老百姓的信任，商鞅于是便下令变法，新法很快在全国推行。

严惩太子

商鞅颁布新法后，秦国不少老百姓都反映新法造成了很多不方便，对新法有抵触情绪，商鞅也有些头疼了。正当这时，太子触犯了新法，这一下让商鞅豁然开朗，商鞅认为：新法不能顺利推行，是因为在高位的人不把它当回事。只有上层重视新法，底层百姓才会执行新法。于是商鞅决定依新法处罚太子。但太子贵为国君的继承人，不能直接对其本人施以刑罚，于是商鞅就处罚了对太子负督导责任的太子的老师公子虔和公孙贾，以追究其督导不力之责。老百姓看到商鞅执行新法如此严格、如此有决心，便都认真遵照新法执行了。

案例与典故拾零

一、是可忍也，孰不可忍也

（一）典故

"是可忍，孰不可忍"，这句话其实来自《论语·八佾（yì）》。原文是："孔子谓季氏，'八佾舞于庭，是可忍也，孰不可忍也。'"八佾是古代宫廷舞乐队的代称，当时的舞乐队八人为一行，称做一佾，八佾就是八八六十四人规模的舞乐队。按照礼制，天子八佾，诸侯六佾，卿、大夫四佾。季氏是鲁国的卿，却越礼设置专属天子的六十四人的大型舞乐队，这对于坚决维护礼制的孔子当然是不能接受的，因此孔子指责说："季氏'八佾舞于庭'这样的行为如果都可以容忍的话，还有什么是不可以容忍的呢？"

（二）读典故学法史

春秋战国时期，维护奴隶主贵族等级秩序的礼治逐渐衰落，上述典故中鲁国季氏设置本应由天子才能享有的八佾就是其具体表现。

二、崔杼弑君

（一）案情简介

春秋时齐庄公无道，与大夫崔杼的妻子棠姜私通。崔杼得知后计诱齐庄公来府探病，乘机杀死庄公。后史官如实记录此事件，崔杼又连续杀死史官兄弟二人。但最终《春秋》仍记载此事说："夏五月乙亥，齐崔杼弑其君。"

（二）读典故学法史

崔杼弑君的故事是春秋战国时期宗法等级制度解体，诸侯争霸、大夫篡权的一个缩影。其时，臣弑君、下犯上者层出不穷，因此司马迁在《史记·太史公自序》中说："《春秋》之中，弑君三十六，亡国五十二，诸侯奔走，不得保其社稷者，不可胜数。"

三、令尹子文族人案

（一）案情简介

楚国令尹斗子文的族人犯了罪，廷理将其拘捕归案，但当其得知拘捕的是令尹的族人时便连忙将其释放了。为此，斗子文召来廷理，对其徇私枉法的行为严加斥责，并亲自将其族人交给了廷理，廷理又惧又愧，依法处治了斗子文的族人，后该廷理被楚成王罢免。

（二）读案例学法史

1. 令尹，楚国辅佐楚王的最高执政官，相当于宰相。

2. 廷理，楚国执掌司法的官员。

3. 斗子文，春秋时期楚国人，姓斗，名㲄於菟（gǔ wū tú），字子文。据《左传》记载，子文是楚贵族若敖氏斗伯比和楚的附庸国祁国国君祁子之女偷情所生，生下后弃在云梦泽北，被母虎抚养，当时楚国称老虎为“於菟”，把喂乳叫“穀”，意思是“虎乳育的”。后来被祁子出猎时发现，抱回抚养，长大后成为楚国令尹，成为名相。

4. “一断于法”。子文于公元前664 年到公元前636 年任楚国令尹，比春秋时期法家代表人物管仲（公元前685 到公元前645 任齐国国相）稍稍晚出，而比另一法家代表人物子产（？—公元前522）又早出。子文虽与上述法家代表人物无直接渊源关系，但其不以私枉法处罚族人的行为无疑暗合了法家“不别亲疏，不殊贵贱，一断于法”的“法治”思想。

四、直躬父窃羊案

（一）案情简介

根据史料记载，春秋时期楚国有个很正直的人，他的父偷了别人的羊，他便亲自到官府告发。官府抓捕了其父并要处以死刑，他则又向官府请求要代父受刑。对此他辩解说：“我向官府告发父亲偷了羊，应当是忠信的行为吧？现在我请求代父受刑，又当属孝行吧？像我这样既忠又孝的人如果要被处以死刑的话，全国还能有不被处死刑的人吗？”楚王听后，下令免去其父死刑。

（二）读案例学法史

1. 直观地读这个案例，有这么几个感想：

(1) 重刑。偷羊便要被处死刑，不可谓不重。

(2) 生杀大权掌握在国君手中。国家立法，国君可以随意改变。

(3) 伦理道德成为定罪量刑的标准。该案中楚王免去这个正直人父亲的死刑只因为其子的道德表现。

2. 古人对这个正直人的父亲窃羊案的评析：

(1) 孔子的看法：孔子听闻该案后，对这个正直人告发父亲的行为很不以为然。因为在孔子看来，父子相隐即父子相互包庇隐瞒才是正直的品德，而这个正直人却不念及父子情分告发父亲，本身已是不孝，因此更无信可言。这一态度充分体现了儒家伦理道德至上的德治观点。

(2) 韩非子的解析：法家集大成者韩非子对此案则有着迥异的看法。韩非大力反对儒家将家庭伦理提高到社会公德的地位，认为那将直接导致社会秩序的混乱和国力的衰弱。因此他认为，这个正直人向官府告发父亲的罪行后，令尹严格执法，下令将其父处以死刑，这样严格执法的结果是楚国没有藏奸的现象发生了，从而国家才能安定。

五、商鞅之死

(一) 案情简介

关于商鞅之死，史书中有不同的版本，根据《史记·商君列传》的记载，商鞅在执政期间因严格执法而得罪了以太子为首的权贵阶层，待太子（即秦惠王）即位后，这些权贵便诬告商鞅谋反，商鞅被迫惶惶亡命。一日来到秦国边境，商鞅一行打算下榻旅舍，却遭到主人的拒绝，因为商鞅立法规定，旅舍接纳客人必须查验身份证明，否则将依法处置。悲哉！商君，逃亡途中又怎能出示身份证明？后有追兵，前无去路，商鞅喟然长叹：“唉，‘法治’的弊端竟到了这样的地步。”万般无奈，商鞅只得逃回封地起兵反抗，最终不仅自身车裂，而且惨遭族诛。

（二）读案例看商鞅的“法治”思想

1. 商鞅因为“法治”而死。考商鞅死因，缘起于其在变法期间“一断于法”，甚至因为太子犯法而处罚了太子的老师公子虔和公孙贾，终致“宗室贵戚多怨望者”。等到君主易位，治国之功臣立即被反对派编造罪名加以缉捕，最终以惨死告终。一代英杰，殉于其变法追求，其之死也，颇有几分悲壮而值得同情。

2. 商鞅重法，倡行“法治”，但此“法治”只是君主利器而已，只是天子据以治民的“天道”，而从没有与人间公道相结合。因此，此“法治”对于黎民百姓而言，只有“畏”而不犯的选择，而没有守护正义之意，对此，商鞅应当是有着清醒的认识的，故当当权者“发吏捕商君”时，他选择了惶惶亡命而不是寻求法律的保护，完全丧失了当初立木为信、推行新法的威严和自信。

3. 商鞅行“法治”，但并无法律信仰，可见法家“法治”断无行法律之治的初衷。且不说商鞅没有选择司法途径为自己辩白，即使商鞅亡命途中，当客栈主人以“商君之法，舍人无验者坐之”为由拒其入舍，商鞅竟未能引以为荣，反而感慨称其“为法之弊”，可见商鞅本人并无对于法律的信仰，自己推广的法令得到他人遵守却丝毫不以为意。呜呼哀哉，如果商鞅大赞客栈主人之守法精神，那么法家“法治”在我们今天看来该有多么光彩！

4. 重刑商君，法家“法治”的重刑悲剧。司马迁笔下，商君走投无路，“与其徒属发邑兵北出击郑”，最终落得秦惠王“莫如商鞅反者”之评判，自身被车裂，其家遭诛。秦惠王处罚商鞅，一有商鞅谋反事实，再有法家重刑轻罪之先例，则对商鞅处以重刑，从秦惠王的角度来看，当是完全符合法家“法治”的要求了。而此前商君推行严刑惩奸以巩固君权，动辄弃市、腰斩、连坐，惨烈之法不一而足，最终自身也遭此厄运，悲哉！

5. 法家“法治”阙略程序公正。司马迁诠释商鞅之死，未涉及任何审判程序。与此相反，在西方传统法律文化的源头，柏拉图诠释其老师苏格拉底之死，庭审程序完整而细致周密，两相对比，亦可看出在中西法律文化在价值取向上的明显差异，所谓实体正义与程序正义的差别是也。

第四章

专任"法治"与秦代法律

秦朝是我国历史上第一个统一的中央集权的封建国家，以秦始皇为代表的秦统治者，继承自商鞅变法以来，特别是经韩非总结过的先秦法家思想的传统，建立了以法家"法治"思想为指导的专制统治。

秦朝是我国历史上第一个统一的中央集权的封建国家，以秦始皇为代表的秦统治者，继承自商鞅变法以来，特别是经韩非总结过的先秦法家思想的传统，建立了以法家“法治”思想为指导的专制统治，推行“事皆决于法”的“法治”方针，构建了一个可称得上繁法严刑、“皆有法式”的法律体系，以巩固封建专制国家的政权。

专任“法治”

秦并六国，建立统一的中央集权制国家，其原因固然是多方面的，但法家“法治”功不可没。因此，秦统一后，以秦始皇为核心的统治集团继续推行法家的治国方略，具体有以下几个方面的表现：

（一）以法为本，事皆决于法

“以法为本”是以韩非为代表的法家“法治”理论的核

心，"事皆决于法"是先秦法家"事断于法"思想的继承和发展。秦统一以后，摒弃礼义而专任法治，把韩非以法为本的思想推向极端。在修订、补充秦国原有法律的基础上，形成了涉及各个领域的较为完备的法律规范，以求达到处理各种问题皆有法律依据。

（二）君主独断，法自君出

秦统一以后实行郡县制，建立了以皇帝为中心的封建官僚体系。为了维护皇帝在封建官僚体系中至高无上的权威，秦朝统治者特别强调要维护君主专制，皇帝集立法、司法、行政大权于一身。皇帝的命令具有最高法律效力，皇帝本人是最高司法长官。

（三）严刑峻法，重刑轻罪

秦朝统治者奉行先秦法家严刑峻法的思想，他们把严刑峻法作为镇压人民的有效手段，期望通过重法轻罪，达到以刑去刑的目的。

（四）法令由一统，民以吏为师

实现君主专制国家的统一，必须以法令的统一为其前提条件；要达到法令的统一，又需要普通民众对国家法令有一致的理解。因此，秦朝统治者强制民间向官吏学习法律知识，不允许民间传授、评议法律，以保证法律内容的统一、人们思想的统一。

“云梦秦简”与秦律

一、“云梦秦简”

1975年12月，在湖北省云梦县睡虎地11号墓出土了大量的秦代竹简，统称为“睡虎地秦墓竹简”，简称“云梦秦简”。其内容包括《编年纪》《语书》《秦律十八种》《效律》《秦律杂抄》《法律答问》《封诊式》《为吏之道》等，大部分是墓主人摘录的有关秦代的法律、文书，反映的是商鞅之后到秦统一六国期间的法律状况。它是迄今我国发现的最早的法律文书，是目前我们研究秦国和秦代法制的主要依据。

二、秦国法制概况

“云梦秦简”中有关法律的部分，可分为四类：

（一）正律

包括《秦律十八种》《效律》《秦律杂抄》。其中所见的律名有：田律、厩苑律、仓律、金布律、关市律、司空律、徭律、工律等近三十个。

（二）《法律答问》

它是对秦律某些术语及律文的立法意图、诉讼程序中的某些具体问题的解释和说明。

（三）《封诊式》

它是对官吏审理案件的原则要求、治狱程式、调查勘验等方面的规定，其中还有一些案例。

（四）《为吏之道》

它主要规定官吏应遵守的一些具体原则和要求。

由上可见，从《法经》到秦律，成文法典基本已经定型。总之，秦国的法律是在战国时期法、律、令的基础上发展而来的，是商鞅立法的进一步发展和完备。

商鞅在秦变法过程中，根据具体情况，还颁布了一些单行法规，如分户令、什伍连坐法，出土“云梦秦简”中的《军爵律》，也可能是商鞅变法时，为奖励军功制定的。变法时规定：“有军功者，各以率受上爵，”而《军爵律》规定：“从军当以劳论及赐。”两者内容精神是一致的，而且语句也很相同。也就是说，《军爵律》也可能就是商鞅颁布的。可见，秦律，包括秦始皇统一后的秦律，都是在《法经》和商鞅颁布的法律令基础上进一步发展完善的。

三、秦始皇统一法制

公元前213年，秦始皇令丞相李斯“明法度，定律令”，对原有的法律进行了较大规模的整理和修订，颁行全国，标志着中国封建统一法制的建立。

自商鞅变法以后，秦国历代统治者都厉行“以法治国”。

秦始皇更是奉法家集大成者韩非“以法为本”的“法治”理论为立法的指导思想，并任用著名的法家人物李斯为丞相来主持立法工作，推行法家思想，如此大力进行法制建设，使得秦代的法律制度不仅在形式上条目繁多，法网严密，而且在内容上广泛而具体。除了刑事法规是其主体之外，还包括民事、经济、行政、诉讼和军事等各个方面的法律规范，内容涉及农业、手工业、商业、财政货币、徭戍赋税、军爵赏赐、官吏任免以及什伍组织等社会生活的各个领域，对国家和社会进行了全面的调整，可谓内容庞杂、规范详备。

秦律举要

从对“云梦秦简”和历史文献的考察中可知，秦律是一个庞大的综合性法律体系，刑事法律规范是其主体部分，“繁法严刑”是其突出特征，对其后历代立法产生了重要影响。

一、刑事法律制度

（一）罪名

秦代法律所规定的罪名极为繁多，且尚无系统的分类，更未形成较为科学的罪名体系。大致而言，秦代的罪名有以下五类：危害皇权罪、侵犯财产和人身罪、渎职罪、妨害社会管理秩序罪和破坏婚姻家庭秩序罪。

1. 危害皇权罪

维护皇权是秦代法制的首要任务，秦律对于凡属危害皇帝及其专制统治的行为，处刑都是极其严酷的。属于这一种类的罪名主要有：谋反，这在当时被视为最严重的犯罪；操国事不道，主要是指操纵国家政务大权，发动政变以及其他倒行逆施的行为；泄露皇帝行踪、住所、言语机密；偶语诗书、以古非今；诽谤、妖言；诅咒、妄言；非所宜言；投书，即投寄匿名信；不行君令等。

2. 侵犯财产和人身罪

秦代侵犯财产方面的罪名主要是“盗”，盗窃在当时被列为重罪，按盗窃数额量刑。除了一般意义上的盗，秦代还有共盗、群盗之分。共盗指两人以上共同盗窃，群盗则是指聚众反抗政治统治，属于危害皇权的重大政治犯罪。

侵犯人身方面的罪名主要是贼杀人、贼伤人，这里的“贼”与今义不同，而是杀死、伤害好人，以及在未发生变故的正常情况下杀人、伤人。

3. 渎职罪

秦代的渎职犯罪主要有三类：一是官吏失职造成经济损失的犯罪，这在“云梦秦简”所载《厩苑律》《秦律杂抄·牛羊课》《内史杂》等律文中都有规定。二是军职罪。三是有关司法官吏渎职的犯罪，主要有："见知不举"罪，例如：秦代焚书令规定，"有敢偶语《诗》《书》者，弃市；以古非今者，族；吏见知不举者，与同罪"。"不直"罪和"纵囚"罪，前者指罪应重而故意轻判，应轻而故意重判；后者指应当论罪而故意不论罪，以及设法减轻案情，故意使案犯达不到定罪标准，从而判其无罪。"失刑"罪，指因过失而量刑不当。

4. 妨害社会管理秩序罪

这方面的罪名在"云梦秦简"中主要有三个：一是《田律》中规定的违令卖酒罪。二是逃避徭役罪，在《法律答问》中包括"逋事"与"乏徭"，前者指已下达征发徭役命令而逃走不报到，后者指到达服徭役地点又逃走。《徭律》还规定，主管官吏征发徭役迟延的，也要加以处罚。三是逃避赋税。

5. 破坏婚姻家庭秩序罪

秦代有关破坏婚姻家庭秩序的罪名有两类：一类是关于婚姻关系的，包括夫殴妻、夫通奸、妻私逃等，《法律答问》中有关惩治妻子私逃的刑罚规定尤其多。另一类是关于家庭秩序的，包括擅杀子、子不孝、子女控告父母、卑幼殴尊长、乱伦等。《法律答问》载："擅杀子，黥为城旦舂。""士伍甲无子，其弟子以为后，与同居，而擅杀之，当弃市。"可见秦律禁止杀子，特别是禁止杀后嗣子。秦律对家庭内部乱伦行为的惩罚同样十分严厉，比如：《法律答问》中说：“同母异父相与奸，何论？弃市。”

（二）刑罚

秦代尚未形成完整的刑罚体系，且刑罚极为残酷，一切都呈现出过渡时期的特征。秦代的刑罚种类极为繁多，大致而言，主要包括以下几类：

1. 笞刑

笞刑是以竹、木板责打犯人背部的轻刑，是秦代经常使用的一种刑罚方法，秦简中有“笞十”“笞五十”“笞一百”等多种等级，大多针对轻微犯罪而设，也有的是作为减刑后的刑罚。

2. 徒刑

徒刑即剥夺罪犯人身自由，强制其服一定期限劳役的刑罚方法。秦代的徒刑主要包括以下几种：

城旦舂，男犯筑城，女犯舂米，实际从事的劳役并不限于筑城舂米；

鬼薪、白粲，男犯为宗庙伐薪，女犯为宗庙择米，但实际劳役也决不止于为宗庙取薪择米；

隶臣妾，即将罪犯及其家属罚为官奴婢，男为隶臣，女为隶妾，其刑轻于鬼薪、白粲；

司寇，即伺寇，意为伺察寇盗，其刑轻于隶臣妾；

候，即发往边地充当斥候，是秦代徒刑的最轻等级。

3. 肉刑

即黥（或墨）、劓、刖（或斩趾）、宫等四种残害肢体的刑罚，它们源于奴隶制时代，在秦时不仅沿用，且十分广泛。从“云梦秦简”来看，秦的肉刑大多与城旦舂等较重的徒刑结合使用。

4. 死刑

秦代的死刑执行方法很多，主要有：弃市，即所谓杀之于市，与众弃之。戮（lù），即先对犯人使用痛苦难堪的羞辱刑，然后斩杀。磔（zhé），即裂其肢体而杀之。腰斩，即用重斧从腰部将犯人砍作两截。车裂，就是把人的头和四肢分别绑在五辆车上，套上马匹，分别向不同的方向拉，把人的身体硬撕裂，所以名为车裂。有时，执行这种刑罚时不用车，而直接用五头牛或五匹马来拉，所以车裂俗称五牛分尸或五马分尸。

（三）定罪量刑原则

1. 刑事责任年龄

秦律规定，未成年人犯罪不负刑事责任或减轻刑事责任。而根据“云梦秦简”中的相关记载，秦律判定成年与否的标准不是年龄，而是身高。

• 知识链接

云梦秦简《法律答问》案例

案例1："甲小未盈六尺，有马一匹自牧之，今马为人败，食人稼一石，问当论不当？不当论及偿稼。"其意大致为：身高不足六尺的甲，自己管理着一匹马。现在这匹马不听话，吃了别人的庄稼，问：甲应不应当承担刑事责任？答：甲不承担刑事责任，也无需承担赔偿责任。

案例2："甲盗牛，盗牛时高六尺，系一岁，复丈，高六尺七寸，问甲何论？当完城旦。"其意大致为：甲偷了别人的牛，当时身高六尺。过了一年，再次丈量时，身高六尺七寸，问：甲该如何处罚？答：甲应当被处以完城旦（即处以城旦这种徒刑，同时附加适用完刑）。

【注】完刑，秦朝耻辱刑的一种，即剃去罪犯的胡须和鬓毛而保留其头发，一般附加适用于徒刑。

2. 确认主观意识状态，区分故意与过失

秦律已经十分重视对犯罪的主观意识状态的判断。

一方面，秦律将有无犯罪意识作为判定被告人的某些行为是否构成犯罪的重要依据。

另一方面，秦律还注重对故意和过失的区分。对被告人所实施的某些行为，虽不论故意还是过失均要追究刑事责任，但在定罪量刑上加以区别，故意和过失所构成的罪名不同，在量刑上也是故意从重，过失从轻。

3. 教唆同罪，教唆未成年人犯罪加重处罚

4. 累犯加重，共同犯罪和集团犯罪加重

关于共同犯罪，据“云梦秦简”载，凡五人以上的集团犯罪，即使盗窃仅一钱，也要比不足五人盗过六百六十钱的处刑重；而同样的盗窃犯，二人以上、五人以下的共同犯罪又比单人犯罪处刑重。

5. 自首减免刑罚，消除犯罪后果减免刑罚

关于自首，《法律答问》载：“把其假以亡，得及自出，当为盗不当？自出，以亡论。”意即携带所借官家物品逃亡，如自首，只以逃亡罪论处，免其盗窃罪。

关于消除犯罪后果，“云梦秦简”云：“将司人而亡，能自捕及亲所智，（知）为捕，除毋罪。”即监领人犯而人犯逃走，能自己捕获以及亲友代为捕获，可以免罪。

6. 实行连坐

连坐就是一人犯罪，全家、邻里和其他有关的人连同受罚。按其适用范围区分，秦代的连坐主要有全家连坐、什伍（即邻里）连坐、军队中士卒连坐、官吏间连坐四种，“云梦秦简”的律文中尤以什伍连坐的规定最多。

7. 诬告反坐

秦律对于诬告他人者，以所告之罪罪之。

按秦律，在一般情况下，只有故意陷害他人才构成诬告罪，若是出于过失则不算诬告；但若诬告他人杀人，即使是由于过失，也要以诬告论处。

二、民事法律制度

秦代没有现代意义上的民法，也没有专门的单行民事法规。不过，从"云梦秦简"所载律文来看，虽然其内容绝大部分是刑事法规、经济法规和行政法规，但也有若干民事立法，用来调整当时客观存在的民事关系，这些民事法规混杂在刑法和其他单行法规中，或作为惯例反映在《法律答问》中，其内容涉及所有权、债、婚姻家庭和继承等各个方面。

（一）所有权制度

1. 所有权的分类

秦代存在两类所有权，即国家所有权与家户私有权。

国家所有权的客体极为广泛，当时社会基本的生产资料和生活资料以及各种公共设施，无不归国家所有，国家所有权实质上是皇帝所有权。

同时，秦代也已出现生产资料的私人所有权和生活资料的私有权，前者包括土地的私有权、牲畜的私有权、生产工具及其他生产资料的私有权；在后者，秦律承认人们衣、食、住、行方面所需要的房屋、衣被、家具、车辆、装饰品以及食品等一切生活资料的私人所有权。当然，真正能够充分享有这些私有权的，只有官僚、地主和富有商户，而人奴妾和官奴婢则根本没有财产所有权。另外，秦律不承认个人所有权，而只承认户和家族的所有权。

2. 所有权的保护

在所有权遭受不法侵害时，秦律主要是利用刑罚手段加以保护，但也时常根据情况采取某些民事措施。主要有：确认所有权、返还原物、赔偿损失、排除妨害、返还不当得利等五种。

（二）债权制度

1. 债的发生

债权是所有权转移的一种形式。从现有史料看，秦律关于债的发生有五种情形：一是因契约所生之债。这在“云梦秦简”中有很多，但多数是官府与百姓之间因契约关系而发生的债，只有极少一部分属于百姓之间的契约债务关系。二是因非法侵害所生之债。秦律在处理盗窃和强抢等刑事案件时，也承认由此给受害人造成的损失，甚至规定“卖所盗，以买它物，皆畀（bì）主”。三是因不当得利所生之债。四是因损失公物所生之债。这主要是针对官吏的失职行为而设。五是因行政措施所生之债。

2. 债的担保

从“云梦秦简”看，秦代的债务关系也有担保人，相关的记载主要集中在《工律》和《金布律》之中。其情形主要有三种，即官方经手人担保、民间经手人担保和共同担保。

3. 债务的变更、履行和消灭

秦律承认在债的关系继续存在的条件下，债权人与债务人双方都有发生变更的可能，当债务难以正常履行时，在秦律中就有付之于各种民事强制的规定。例如：在职官吏无力履行其债务时，就从其俸禄中逐月按比例扣除；百姓“有债于公”而无力履行其债务时，就要强制“居作”，即以强制劳作偿还债务。对于债务，依秦律可由双方当事人协议解除，也可由债权人单方面宣布免除，例如：借用铁制农具，若因破旧不堪而损坏，《厩苑律》规定可用书面报告提出请求而得以免除赔偿义务。同时在某些条件下，债也可因债务人死亡而归于消灭。

（三）婚姻与继承制度

秦律对于婚姻的成立条件、婚姻的形式、夫妻双方的权利义务及婚姻的解除等方面都作了具体的规定。

秦代结婚不仅要达到成婚年龄，而且要经官府登记。未经登记的婚姻是不受法律保护的，而丈夫休妻也同样必须报官登记。

关于夫妻间的权利义务关系。秦律虽然也维护男尊女卑和夫权，但因受儒家文化影响较小，因而对夫权有所限制，对妻子人身权利的保护也超过汉以后的历代王朝。

在父母子女的关系方面，秦代家长享有家内财产的支配权和子女婚姻的主婚权。但父权尚处于发展阶段，受到一定的限制。

在继承方面，秦代的继承范围很广，除最常见的财产继承之外，还有皇位继承、宗祧继承、官职继承、爵位继承及其他身份继承。秦律对继承人的确认分为法定继承和指定继承两种，同时对于继承的方法也都有比较明确的规定。例如：《法律答问》云："何谓'后子'？官其男为爵后。"意即爵位继承人须到官府登记、经官方认可方才有效。

三、经济法律制度

秦代调节经济关系的法规种类繁多，内容庞杂。就"云梦秦简"来看，它们主要集中于《田律》《仓律》《厩苑律》《牛羊课》《金布律》《工律》《工人程》《均工》《司空》《关市》《效律》等法律文献中。这些法律规范表明，秦代对于国家经济生活的各个领域，如：农业生产、畜牧业和手工业管理、财政货币、商业贸易及资源保护等各个方面，均以确定各专职官吏职责的形式，作出了详细的规定。

（一）农牧业管理与资源保护制度

秦代在中央和地方设置了"大田""都田啬夫""田啬夫"等各级专司农事之职的官吏，并要求各专职官吏及时掌握农时，关注农业生产，以保证国家正常的农业收益。

• 知识链接

秦简《田律》规定，下了及时雨和谷物抽穗，掌管农事之官应书面报告受雨、抽穗的顷数和已开垦而没有耕种的田地顷数；禾稼生长后下了雨，也要立即报告雨量多少和受益田地的顷数；如有旱灾、暴风雨、涝灾、蝗虫、其他害虫等灾害损伤了庄稼，也要报告受灾顷数；距离近的县，文书须专程递送，距离远的县由驿站传送，并须在当年八月底以前送达。

秦代对畜牧业同样十分重视，专设有厩啬夫和牛长等官职，分别负责牛马的饲养和管理，而法律对于畜牧业的管理也做了详细规定。如：《田律》不仅规定了农民应向国家交纳粮草和饲料，而且对驾车牛马的饲料发放领取程序和时间等都有明确要求。《厩苑律》和《秦律杂抄·牛羊课》则对牲畜管理人员和饲养人员的责任及其奖惩做了严格规定。

此外，秦代还已注意到用法律的形式来保护农田水利、山林、河鱼等自然资源。

知识链接

《田律》规定，春天二月，不准到山林中砍伐树木，只有因人死亡需伐木制棺才不受季节限制；不准堵塞水道；不到夏季，不准烧草作肥料；不准采割刚发芽的植物或捕捉幼兽、掏取鸟卵，不准设置捕捉鸟兽的陷阱和网罟；等等。上述禁令须到七月才解除。

（二）手工业管理制度

秦代设置了官啬夫、工师、工室丞、曹长等官职负责官府手工业作坊的管理事宜。秦简中的《工律》《工人程》《均工》和《效律》等法律对手工业产品的规格、质量、生产定额以及劳动力的调配、劳动量的计算等方面都做了较为系统的规定。例如：关于产品规格，《工律》规定："为器同物者，其大小、短长、广袤亦必等。"意即同一个规格的产品，其大小、长短、宽厚都必须完全相同，不得参差不齐。《工律》同时还规定，县和工室（管理官营手工业的机构）校正衡器的权、斗桶和升，至少每年校正一次，其目的亦是为了统一产品规格，使之标准化和统一化。

（三）商业贸易制度

秦代已有专门调整商业市场的法律规范，《关市律》即是其中一例。

秦律对商业贸易的调节包括两方面：一是禁止和打击非法商业和非法经营。二是保护和规范合法的商业贸易。《法律答问》载有这样的法律规定：若窃贼盗得甲的衣服，并将衣服出售给丙，得钱后买回布，然后被拿获，按秦律应将布和其他买得之物追还给甲，但丙从窃盗手中合法买来的衣服则不作为赃物追还，显然是视为单方面的合法交易而予以保护。同时，秦律还对商品物价和标价等方面进行了具体的规范。

（四）财政货币管理制度

为实现经济上的大一统，增强国力，秦统一六国后立即采取了统一货币等重要措施。秦简中的《金布律》等法规便是这一政策的具体落实。

为统一货币，秦律规定，在全国范围内只允许使用国家所确定的货币，制币权由国家绝对垄断，民间私铸钱币属犯罪行为。

秦代统一货币也包含统一货币的规格和比价，并用法律确保货币的流通。法律规定，在货币流通过程中，好坏钱应一起使用，百姓在交易中使用钱币不得挑拣选择；市肆中的商贾及官家府库的吏亦不准对钱布有所选择，否则，选择者连同列伍长不告发、吏检查不严者都要受到刑罚处罚。这些规定说明，秦代的确注重运用法律手段来管理货币，并充分保证统一货币政策的实施。

从“云梦秦简”来看，秦代有关财政审计方面的法律规定也相当丰富和详备，《效律》是秦时财政审计的主要法律规范之一，其中规定实行定期或不定期的账目检查制度。依据这一法律，在检查账目时，要同时清查库存物资，要做到账、物相等；若账目与库存物资数目不一致，要追究有关官吏的刑事责任。此外，还有许多关于度量衡的标准、称量物资的方法和程序的详细规定。

四、行政法律制度

秦代虽然没有成文的行政法典，却有一系列单行的行政法规，诸如《置吏律》《除吏律》《除弟子律》《尉杂》《内史杂》《傅律》《徭律》《司空》《军爵律》《屯表律》《戍律》《行书》《游士律》《属邦》《中劳律》等等。这些行政法规内容相当全面，几乎涉及当时行政活动的各个领域，并且，这些法规大多类型完整，结构严密，确定性程度高，从而为各个行政机关提供了行为准则，充分体现出秦代“事皆决于法”的特征。

（一）官吏任用制度

《为吏之道》云：“审民能，以任吏，非以官禄，央助治。”即对民人要严格考察其德、才，方可任用为官吏，为的是不能让其白白享受官禄，而要使他能够助理政事，可见秦代对选用官吏相当重视。秦统治者对任官的要求是：忠君敬上；廉洁奉公，以身作则；宽厚平和，严肃认真，果断坚决；讲求工作效益。

秦简《置吏律》《除吏律》还对任用官吏的时间、原则，特别是违法任用官吏的责任作了规定。《置吏律》规定若有不应任用而敢先行使职权，以及私相谋划而派往就任的，依法论处；啬夫被调任其他官府，不得将原任官府的佐、吏调至新任官府任用，以防相互勾结，营私舞弊。

（二）官吏职责制度

秦律要求各级官吏严格执行职务。秦的各类经济法规和行政法规大多都是以确定各专职官吏之职责的形式出现的，秦简中的《田律》《厩苑律》《仓律》《工律》《徭律》《效律》《内史杂》和《封诊式》中的《治狱》《讯狱》等各篇，对各类专职官吏的职责都作了明确规定。例如：《厩苑律》要求司牧之官在有牛马死亡时立即向所在县呈报，由县检验后将已死牛马上缴；如因不及时而使牛马腐败，须按未腐败时的价格赔偿。《仓律》则要求管仓之官在谷物、刍稿入仓时就须登记入仓的簿籍，上报内史。秦代的职务规则内容如此明确和详备，表明其行政立法已达至相当成熟的水平。

秦代还要求官吏必须通晓法律，并严格执行法律。《语书》云：“凡良吏明法律令……恶吏不明法律令。”是否通晓法律成为区分“良吏”与“恶吏”的标准之一。所以《内史杂律》要求各县各级官员须抄写所需遵用的法律。秦律要求各级官吏严格执法，并有一系列法律加以规范。

（三）官吏奖惩制度

秦代依据法家重赏重罚、罚重于赏的思想，非常重视对官吏的考核和奖惩。通过考核，一方面对政绩优异、在履行职务中取得卓著成效的官吏给予奖励，以调动官吏为朝廷效力的积极性；另一方面则对履行职务不力，玩忽职守，给国家政治、经济造成损失的行为，或违法营私行为，分别依情形给予处分：轻则撤职，重则给予刑事处罚，受到处分的人，永不叙用。在整个“云梦秦简”中，有关这方面的内容最多，几乎是随处可见；其中尤以《田律》《仓律》《厩苑律》《效律》，以及《秦律杂抄》中的《除吏律》《牛羊课》等最为集中。从这些法规来看，秦代的考核、奖惩制度绝大多数是与职务规则制定在一起的，这说明秦代统治者在通过督责官吏以整顿吏治时，高度强调严明吏责，严格考核，诱以“厚赏”，威以“重罚”。

司法制度集萃

一、司法机构

秦代是中国历史上第一个中央集权的专制王朝，皇帝总揽一切大权，“天下之事无小大皆决于上”，司法大权自然也操纵在皇帝手中。皇帝对司法权的控制，一方面表现为皇帝有权直接审判案件，史载秦始皇“躬操文墨，昼断狱，夜理书，自程决事”；另一方面表现为秦王朝建立了一整套在皇帝控制下的司法机关体系，皇帝对一切重大案件的判决拥有最后决定权。

（一）中央司法机关

秦代的中央司法机关主要是丞相、御史大夫和廷尉。

丞相是最高行政长官，由于古代中国司法与行政并无严格的区分，因而丞相也时常负责审理皇帝交办的案件。

御史大夫是丞相之副，除执掌群臣章奏和下达皇帝诏令之外，还负责监察和亲理诏狱。

廷尉属九卿之一，专理司法，是秦代的中央最高审判机关和最高司法官，其职责是审理皇帝交办的案件和地方不能审理的重大案件，以及审核平决各郡的疑难案件。

（二）地方司法机关

秦代地方司法机构分郡、县两级，司法机关与行政机关合二为一，主管一郡的郡守与主管一县的县令（或县长）也同时掌管郡、县的司法审判。县另设县丞，除负责文书、仓库事务外，还负责协助县令（长）办理狱讼案件。

在基层则设有乡官，由有秩或啬夫负责乡的诉讼和赋税事务。

狱讼案件若乡里不能决，则报县，由县令（长）、县丞审理；县不能决，则报郡，由郡守审理；郡不能决，则上报中央廷尉。

二、诉讼原则

在现有史籍和秦简中，虽未发现作为专门诉讼法规的《囚律》和《捕律》，但从“云梦秦简”特别是《法律答问》和《封诊式》所记载的大量诉讼资料中，我们可以窥见贯彻其中的基本诉讼原则，主要包括：有罪推定、依法律和事实判决、有条件的刑讯及其他证据原则。

（一）有罪推定原则

秦代诉讼最基本的原则是有罪推定，即刑事被告人一经被告发，在未经司法机关判决之前，就被推定为有罪，并以罪犯对待。从秦简的记载来看，在诉讼过程中，司法官吏不仅常常对未判决的刑事被告人采取人身强制，而且可以对任何刑事被告人的私有财产随时采取法律强制；同时，刑事被告人对诉讼负有举证责任，而司法官吏则有权刑讯刑事被告人，这实际上都是在以罪犯对待刑事被告人。

（二）依法律和事实判决的原则

虽然实行有罪推定，但在诉讼过程中，秦律还是严格要求司法官吏认真查验证据，依事实去适用法律，依据法律和事实对案件进行判决。从现存史料来看，秦代法律条文的一个重要特点，是对功过是非和犯罪行为的界限以及奖励和惩罚规定得比较明确、具体，这些规定乍看起来似乎过于死板，但贯穿的基本精神却是要求司法官吏严格依法办事。同时，《法律答问》一方面就法律的概念、原则和规范进行解释，另一方面对各种违法犯罪的事实依法应给予何种法律处置做出具体解答，均充分体现出法律和事实判决的原则。而秦律针对法官责任所规定的失刑罪、不直罪和纵囚罪，则是对这一原则的保障。

（三）有条件的刑讯原则

以刑讯即肉体摧残或精神折磨的方法逼取当事人的口供，这是古代中国盛行的诉讼原则，秦代也不例外。《封诊式》所载《治狱》《讯狱》两则是现存最早的关于中国古代刑讯问题的法律规定。从这两则史料来看，秦代在一般情况下不提倡刑讯，认为“能以书从迹其言，毋笞掠而得人情为上；笞掠为下”。但当司法官吏认为当事人回答问题不实、狡辩时，则允许刑讯，这说明秦律实行的是有条件的刑讯原则，其条件是："诘之极而数訑（訑，tuó，意为欺骗），更言不服，其律当笞掠者，乃笞掠。"即反复诘问到犯人辞穷，多次欺骗，不断改变口供，仍拒不服罪，依法应当拷打的，就施行拷打。秦律还同时要求对刑讯的详情做出"爰书"加以记录。

（四）证据原则

秦代诉讼过程中还贯穿着一系列证据原则，主要有：以被告人口供作为主要定案依据原则，官吏举告与民人告奸必须举证原则，广泛收集证据的原则，各种证据必须详载于笔录的原则，等等。这些证据原则在秦简《封诊式》所载各案例中有充分的反映。

三、监狱制度

由于"繁刑严诛，吏治刻深"，秦代的刑徒和监狱很多。除了立即处死的囚犯之外，秦把大部分刑徒当做劳动力加以使用，因而在各种工程建设和官营手工业及农、牧场所均有大量刑徒；云梦秦简中的许多律条都载有监狱管理的规定，比如：有关工程建设管理的《司空律》，其内容就主要是管理刑徒的各种法律规定；其他如《工人程》《均工》《工律》《厩苑律》《行书律》《仓律》《金布律》也都有管理刑徒的内容。

从"云梦秦简"所载律文来看，秦代已形成了一套较为严密的监狱管理制度。当时法律对于囚犯饮食、衣着的供应标准和服劳役的办法，对于是否加戴刑具以及加戴什么种类、什么规格的刑具，对于不同等级、身份、年龄和不同犯罪性质的囚徒所应享受的不同待遇，都作了相当具体的规定。同时，秦代还形成了一种利用轻罪刑徒来监领重罪刑徒的管理办法。通常是由罪行较轻的"城旦司寇"来监领城旦和其他应被监领的刑徒，若城旦司寇人数不够，则可用隶臣妾监领，一名城旦司寇或隶臣妾可以监领二十名其他刑徒。秦律还规定，若刑徒不服管理要加重刑罚，狱吏若管理不力或违反规定，也要给予法律制裁。

四、监察制度

秦已创立御史监察之制，在中央以御史府（台）为官署，以御史大夫为官长，对地方则派遣监御史。

秦代的御史制度源于西周、春秋和战国时期的史官制度。在古语中，史是掌管文书之官的通称，御史就是在君主左右掌管文书档案记录等事的官吏。至秦代时，随着中央集权的君主专制制度的确立，御史遂发展为兼司纠察之任的监察官吏。史籍关于秦代御史有颇多记载。《史记·张丞相列传》载：张苍"秦时为御史，主柱下方书"（方书即四方文书）。因一般御史所掌的事务并不能直接送达皇帝，在朝廷上常侍立于殿柱之下，故又有"柱下史"之称。

《史记·秦始皇本纪》亦有派御史办案的记载，如："使御史按问诸生""遣御史逐问……"《资治通鉴·秦鉴》始皇三十五年注："秦御史，讨奸猾，治大狱。"此外，"云梦秦简"《尉杂》律有"岁雠辟律于御史"之规定，即廷尉系统所属的司法官吏须每年到御史那里核对刑律。由此可见，秦代御史的职责相当广泛。

御史大夫属"三公"之一，是秦代的最高监察官，众御史之长。《汉书·百官公卿表》载："御史大夫，秦官，位上卿，银印青绶；掌副丞相。"其地位在廷尉之上，十分显赫。御史大夫率属吏组成御史府（台），构成秦代的中央监察机关。

秦代在各郡还设有监御史。《汉书·百官公卿表》云："监御史，秦官，掌监郡。"这是由朝廷派往地方执行监察任务的官吏，其主要职责是对所在郡的官吏实行纠察，并参与治理刑狱。但监御史并不是地方官职，也不专驻地方，而是隶属于御史府（台），受御史大夫和御史中丞直接指挥和节制。

秦代的御史监察之制尚处于初创阶段，其御史大夫、御史中丞及其他御史虽领有纠察之责，辅佐皇帝监察百官，但仍负有其他各种行政事务，还不是专职的监察官员。不过，秦代开创的监察制度不仅为后世历代王朝所继承，而且，以御史监察百官还构成了中国古代政治制度和司法制度的一大特色，其历史影响是极为深远的。

案例与典故拾零

一、焚书案

（一）案情简介

公元前213年，秦始皇在咸阳宫设宴招待前来为其祝寿的众宾客。席间，仆射周青臣为始皇推行郡县制等歌功颂德，而博士淳于越却认为唯有沿袭古制方可长久，始皇宜仿周制封侯子弟功臣。针对此事，丞相李斯上奏始皇说，世易时移，制度各异，如今始皇帝已经一统天下，并制定了统一的制度法令，博士诸生却各持己见以古非今、惑乱人心，势必影响秦政权的稳定，因此应当将民间所收藏各类书籍除秦记、医药、卜筮、种树等以外全部烧毁，如有不听令者则分别情况治罪。始皇采纳了李斯的意见，下令销毁民间私藏的百家书籍，史称“焚书”。

（二）读案例学法史

1. 博士

博士在古代是一种官名，始见于两千多年前的战国时代，负责保管文献档案，编撰著述，掌通古今，传授学问，培养人才。据记载，秦有七十人。汉初，《易》《书》《诗》《礼》《春秋》每经置一博士，故称五经博士，由此，博士成为专门传授儒家经学的学官。班固《汉书·百官公卿表》曰：

“博士，秦官，掌通古今，秩比六百石，员多至数十人。”而司马迁《史记·循吏列传》中也有“公仪休者，鲁国博士也，以高等为鲁相”的记载。

2. 焚书案的影响

焚书一案，是秦统一大业的延续。秦吞并六国，首先吞并的只是六国的土地，其后通过统一法律制度、统一度量衡及货币等才逐步建立了统一的国内政治经济秩序，而焚书案则是秦建构统一的思想文化体系、在思想文化领域进行封建专制统治的开始，自此，中国历朝历代无不效法秦始皇实行文化专制，这对中国古代社会的发展方向产生了深远的影响。

3. 李斯的“法治”思想

通过上述史料，可见李斯的下述“法治”思想：其一，天下一尊，法令出一。其二，重刑轻罪。上述史料中李斯的进言中有“敢偶语诗书者弃市”“以古非今者族”的内容，其中，弃市是古代死刑的一种执行方式，指在闹市行刑后并暴尸，以与众弃之，适用于罪大恶极的死刑犯；族刑则指株连刑，指犯罪后不仅本人受处罚，而且牵连亲朋好友受刑。李斯建议对“偶语诗书者”也就是言及儒家经义者处以弃市，“以古非今者”也就是主张沿用古制者处以族刑。仅仅是一些思想言论便处以极刑，可见得其重刑轻罪的法家“法治”观了。其三，法律教育乃官学的思想。李斯强调“若欲有学法令，以吏为师"，这一方面反映了秦初统一思想于官方的需求，另一方面也反映了中国古代法律学习和研究服务于统治者统治需求的状况，这对中国古代法律思想和制度的发展产生了深远的影响。

二、坑儒案

（一）案情简介

坑儒案发生在秦始皇三十五年（公元前212年）。秦始皇晚年为求长生不老，多次派方士寻觅仙药，方士侯生、卢生等很受宠幸。后来二人因长期求药不得，无法继续行骗，恐被处死，便互相议论始皇帝专横暴戾。秦始皇闻讯大怒，认为儒生多以妖言惑乱民众，于是命令御史把在咸阳的方士、儒生捉来审问。诸生互相告密，牵连多人，秦始皇亲自圈定了犯禁者四百六十余人，全部坑杀。

（二）读案例学法史

1. 坑

坑，即阬，秦律中的一种死刑执行方法，即将犯人活埋。

2. 坑儒

此案中所坑绝非单纯的儒家弟子，而是以儒家弟子为代表的读书人。这四百六十余人也仅仅因为语言文字（"妖言以乱黔首"）而被坑，由此可知这是文字狱的雏形了。

三、非所宜言案

（一）案情简介

公元前209年，陈胜、吴广起义爆发后，秦二世召集博士和儒生，询问如何处置此事。博士儒生们大致有两种意见：其一，认为这种行为属于反叛，应立即发兵镇压；其二，认为该行为也就是普通盗贼而已，不必大惊小怪，交给地方官处理就可以了。结果二世下令将言反者以非所宜言下狱论罪，言盗者皆罢免。

（二）读案例学法史

秦律中规定了"非所宜言"罪，但至于什么是不该说的话，秦律无明文规定，封建统治者可以随便解释，加罪于人。这是典型的封建专制主义的法律，此罪秦以后历代法典多沿用。

四、重刑案例

秦朝专任法家"法治"，推行重刑主义，其惨烈之法不绝于耳，下引两个案例窥其一斑。

（一）李斯具五刑案

1. 案情简介

李斯是战国、秦代的著名政治家，先后在秦任客卿、廷尉、左丞相。陈胜吴广起义爆发后，秦王朝统治集团的内部矛盾加深，李斯长子李由为三川守，未能阻截吴广、周文等起义军西进，使者调查此事后弹劾李斯失职，引起秦二世对他的猜疑。郎中令赵高为了独揽大权，故意劝李斯、右丞相冯去疾、将军冯劫在二世与女眷宴饮作乐时进谏，批评朝政，请求皇帝减轻赋税徭役以缓和社会矛盾，激怒了二世，下令将他们逮捕入狱，由赵高审理。冯去疾、冯劫自杀，李斯在狱中多次上书辩解，均被扣留。赵高诬陷李斯、李由等和起义军互通书信，意图谋反，对李斯严刑拷打，逼迫他认罪，并将其宗族宾客尽数收捕。李斯呼冤后屡遭毒打。后来二世使人验狱时，李斯再不敢申诉，承认了谋反的罪名。秦二世二年（公元前 208 年）七月，李斯被"具五刑"，处死于咸阳，并诛灭其三族。

2. 读案例学法史

李斯力推重刑，是始皇帝"焚书坑儒"、实行文化专制的主谋，然终落得具五刑、腰斩、夷三族等诸多重刑于一身，其死状之惨烈，更在商鞅之上，不能不说是法家"法治"的恶果。

仅从商鞅、李斯身上，就可以窥得法家"法治"不啻是专制君主施行人治的利器。

（二）赵高夷三族案

1. 案情简介

赵高借二世之手除掉李斯之后被任命为中丞相，逐渐大权独揽，就连二世也得看其颜色行事，然赵高仍不满足，设计杀了二世图谋自立，但其野心最终未能实现，无奈之下只好辅佐子婴即位。子婴即位后，与内侍韩谈设计诱赵高入内室将其刺死，并夷其三族。

2. 读案例学法史

其一，指鹿为马，颠倒黑白。赵高当了丞相后，成了秦朝的实际独裁者。渐渐地，他就想踢开二世自己做皇帝，但又担心群臣不顺从，于是就导演了一幕“指鹿为马”的闹剧。从此，群臣更加害怕赵高。

其二，赵高弄权，终落得“夷三族”的凄惨结局，他本人罪有应得，但亲族何罪之有？如此重刑，乃是秦朝酷刑的见证。

第五章

礼律合流的雏形：汉代法律

两汉时期，伴随着封建专制主义中央集权制度的巩固和发展，礼律合流的大戏逐步拉开了序幕。

两汉时期，伴随着封建专制主义中央集权制度的巩固和发展，礼律合流的大戏逐步拉开了序幕，董仲舒以《春秋》等儒家经义来决疑断狱是这一法律儒家化运动开始的标志。

“无为而治”到“独尊儒术”

汉王朝的法律思想随着汉代社会政治经济的发展变化而有所变化，大致可分为两个阶段。

一、汉初：“无为而治”“约法省刑”

汉初从高祖到文景时期，统治者崇奉“黄老”思想，推行“无为而治”，反映在法律上主要表现为“轻徭薄赋”“约法省刑”，即减轻人民的赋税和徭役负担，制定简约的法律条文且用刑轻省。

黄，指传说中的黄帝；老，指老子即老聃。黄老思想的核心即道家的“清净无为”，反映在统治思想上即“无为而治”。高祖时，陆贾糅合孔孟之道与黄老思想，结合当时的社会情况，向高祖建议：“道莫大于无为，行莫大于谨敬。”并指出秦亡是由于“举措太众、刑罚太极”的缘故。此建议终为“居马上得天下”的高祖所重视，到文景时期尤为显著，据《汉书·外戚传》载：文帝、窦太后“好黄帝、老子言，景帝及诸窦不得不读《老子》，尊其术”。

黄老思想在汉初的贯彻与实施，表现为统治者考虑当时连年战争后经济萧条、民不聊生的社会状况，确定了“轻徭薄赋”“约法省刑”，以缓和社会矛盾、发展封建经济的治理思路，并采取了一系列具体的措施：

“轻徭薄赋”方面，高祖时曾减轻赋税，规定田租十五税一；文帝十三年又诏谕郡县“务省徭役以信民”；景帝时更把田租减为三十税一。

“约法省刑”方面也有诸多举措，例如：刘邦进咸阳时就曾宣布废除秦代苛法，仅与关中老百姓“约法三章”；汉朝建立后，虽因“三章”之法太过简陋而制定了《九章律》和《傍章》十八章，但比起秦的繁法严刑和汉中期以后法令滋彰的现象，已经相当简约了，且这种状况一直持续到文景时期。不仅如此，汉初统治者还不断废除苛惨之法，为中国古代刑罚制度由重到轻的发展作出了突出的贡献，例如：高后元年（公元前 187 年）“除三族罪、妖言令”；文帝元年（公元前 179 年）“尽除收孥相坐律令”；文帝十三年（公元前167年）“除肉刑”等。

上述一系列举措缓解了汉初的社会矛盾，大大提高了人民的生产积极性，促进了汉初经济的快速恢复和发展。《汉书·食货志》记载：汉初“萧、曹为相，填（镇）以无为，从民之欲，而不扰乱，是以衣食滋殖，刑罚用稀”，出现了生产发展、人民生活改善的繁荣景象。

二、汉中期以后：“儒学独尊”“德主刑辅”

西汉中期汉武帝即位时，大汉王朝已经积累了大量的物质财富，到处生机勃勃，根据时代的发展变化制定更长久的发展方略被提上了日程，在这样的大背景下，“儒学独尊”“德主刑辅”应运而生。

当然，“儒学独尊”“德主刑辅”也不是一蹴而就的。早在汉高祖时，儒生陆贾在主张“道莫大于无为”的同时，还强调了“行莫大于谨敬”，建议刘邦“行仁义，法先圣”，重视德治。及至汉文帝时，贾谊也总结秦朝灭亡的历史教训，再次提出过“法先王，行仁义”的主张。但总体而言，在这一阶段，儒学还是坐了冷板凳，直到西汉中期汉武帝时代。

汉武帝一改此前崇尚“黄老”的风气，采纳儒者董仲舒“罢黜百家，独尊儒术”的建议，以期实现汉王室万世一统的雄心壮志。自此，中国封建社会走向“儒学独尊”的历史方向，“德主刑辅”的儒家法律思想成为传统法律文化的核心思想。

汉儒董仲舒的儒学理论立基于先秦儒学，但已大大不同于先秦儒学。先秦儒学是在百家争鸣的过程中发展起来的，更具有斗争性、排他性，而缺乏宽容性；董仲舒的儒学则是在先秦儒学的基础上，吸纳、糅合阴阳学说、法家学说等百家学说的精髓于一体而形成的新儒学，可以说是先秦学术精华的一次大整合，因此更具有生命力。例如：他很精辟地运用阴阳学说解释了“德”与“刑”的关系，他说：“天道之大者在阴阳。阳为德，阴为刑；刑主杀而德主生。是故阳常居大夏，而以生育养长为事；阴常居大冬，而积于空虚不用之处。以此见天之任德不任刑也。”① 在他看来，自然之道中阴阳不可或缺，治理国家中“德”与“刑”也是如此，二者并不矛盾，不可将其对立起来。但二者有主次之分、阴阳之分，“德”为阳、“刑”为阴，因此“刑”辅助“德”的道理就如同阴辅助阳一样自然而然。他进一步解释说：“圣人多其爱而少其严，厚其德而简其刑。”也就是说圣人治世“德主刑辅”，只有德刑并用、礼法并行，才能标本兼治、长治久安。

这种先用德礼进行教化，教化无效再辅之以刑罚，德刑结合、刚柔相济的治国之道，遂成为武帝以后汉王朝法制的指导思想，其影响及于整个封建后世历代王朝。

① 《汉书·董仲舒传》。

"约法三章"到"汉律六十篇"

汉承秦制，汉代法律是在秦律的基础上建立和发展的，其立法活动大致分为三个时期。

一、西汉初期："约法三章"与《九章律》

汉初立法主要是废除秦代苛法，缓解社会矛盾，以巩固封建政权。

刘邦非常重视法律，在攻进秦都咸阳以后，即派萧何接管秦代的律令文书档案，并以废除秦代苛法为号召，与关中父老"约法三章"："杀人者死，伤人及盗抵罪，"其余秦法全部除去，受到秦人的欢迎。

汉朝建立后，汉高祖面临统治全国的新形势，感到"三章之法，不足以御奸"，于是命萧何参照秦律，"取其宜于时者，作律九章"，此即汉《九章律》。《九章律》是在《法经》六篇的基础上增加了《户律》（主要规定户籍、赋税和婚姻之事）、《兴律》（主要规定征发徭役、城防守备之事）、《厩律》（主要规定牛马畜牧和驿传之事）三章，合为九章。通常所说的汉律，即指《九章律》。此外，高祖还命韩信定军法，张苍作章程，叔孙通定朝仪，定《傍章》十八章。

二、西汉中后期：律令繁多，法网严密

汉武帝时期，为了加强中央集权的统治，又陆续修订旧律并颁布一些新律，如张汤制定《越宫律》二十七篇，赵禹作《朝律》六篇，连同上述的《九章律》和《傍章》，合计六十篇，并辅之以令（皇帝诏令）、决事比（判案成例）等，大致奠定了汉律的规模。据《汉书·刑法志》载，当时“律令凡三百五十九章，大辟四百九条，千九百八十二事，死罪决事比万三千四百七十二事”。至此，“禁网浸密”，而且日趋严苛。

三、东汉：沿用西汉旧律，日益严苛

东汉承王莽苛政，为缓和阶级矛盾，曾几次颁布释放和禁止残害奴婢以及废除苛法的诏令，但总体而言，东汉继续沿用西汉旧律，而且日益严苛，特别是东汉中后期屡兴大狱，滥杀无辜，使本来日益尖锐的社会矛盾进一步激化。

知识链接

张家山汉简《二年律令》

两汉律令皆早已失传，今天能见到的只是一些史籍和居延等地出土的汉简中的零星记载。可喜的是，考古工作者于 1983 年年底至 1984 年年初，在湖北江陵张家山的三座西汉前期墓葬里，发现了大量竹简，其中 247 号墓中有约五百余支所记为汉二年（有说是吕后二年，也有持高祖二年说）律，包括二十七种律和一种令，因此被称为张家山汉简《二年律令》，是我们研究汉代法制内容比较丰富的第一手资料。

汉律举要

一、刑事法律制度

（一）罪名举要

两汉罪名为适应封建专制制度发展的需求，除沿用秦罪名外还增加了许多新的罪名，主要有：

1. 危害中央集权的犯罪

汉初统治者采取分封制来巩固政权，但随着诸侯王国实力的不断加强，逐渐形成与中央分庭抗礼的封建割据势力，以致景帝时终于发生了“七国之乱”。这次叛乱虽然被平定下去，但是诸侯王仍有很大的势力。因此，汉王朝制定了许多单行法律，加以约束，凡是对抗朝廷、危害中央集权的行为都视为犯罪，这类罪名举例如下：

(1) 左官、阿党与附益。左官，汉代以右为尊，将在诸侯国任职的官吏称为左官。吴楚“七国之乱”后，景帝规定官吏不得私自到诸侯国任职，否则即构成左官罪；阿党指属官与诸侯王结党，共同对抗朝廷；附益指中央官吏与诸侯王勾结，相互谋取利益。

• 知识链接

《汉书·诸侯王表二》曰：“武有衡山、淮南之谋，作左官之律，设附益之法，诸侯惟得衣食税租，不与政事。”

《汉书·高五王传》曰：“自吴楚（指七国之乱）诛后，稍夺诸侯权，左官、附益、阿党之法设。其后诸侯唯得衣食租税，贫者或乘牛车。”

(2) 僭（jiàn）越。汉代诸侯百官的器用、服饰、乘舆各有规制，如有“逾制”，即构成僭越予以严惩。

●知识链接

《史记·淮南衡山列传》载，淮南王刘长，“居处无度，为黄屋盖乘舆，出入拟于天子”，最终被免为庶人。

《后汉书·虞延传》载，东汉光武帝时，陈留（今河南开封东南）太守富宗生活奢侈淫靡，所使用的车辆、服饰、器物等超出了作为一个郡守应享受的规制，依汉律属于“逾制”。功曹虞延劝谏他要注意俭约，遵守规定。富宗不悦，虞延当即辞退。不久，富宗以逾制罪被捕，判处死刑。

（3）出界。出界，指诸侯王擅自越出其封国国界。凡出界者，轻者免为庶人或耐为司寇，重者处以死刑，其目的在于防止诸侯王彼此串通，危害朝廷。

上述律令，有力地维护了统一的专制主义中央集权制，而统一的社会局面，对汉代社会经济的发展也起到了积极作用。

●知识链接

七国之乱

七国之乱发生在公元前 154 年，是以刘邦之侄吴王刘濞为首的一次同姓王联合大叛乱，参与叛乱的包括吴王刘濞、楚王刘戊、赵王刘遂、济南王刘辟光、淄川王刘贤、胶西王刘昂、胶东王刘雄渠共七个诸侯王，所以叫做“七国之乱”。发生的原因是地方王国势力和中央集权的矛盾。这次叛乱被汉景帝所平定，为后来汉武帝继续清除地方王国势力、加强中央集权奠定了良好的基础。

2. 侵犯皇权的犯罪

汉王朝在削弱地方势力、加强中央集权的同时，加强皇权专制，凡是行为有可能侵犯或削弱皇权的，都被罗织罪名予以严惩，现举几例如下：

（1）欺谩、诋欺、诬罔。欺谩是对皇帝不忠、欺骗、轻慢的行为；诋欺是对皇帝的毁辱行为；诬罔是对皇帝有诬蔑欺罔的行为。汉律对这些犯罪的惩罚非常严厉。

皇帝是封建国家的象征和地主阶级利益的总代表，因此维护皇帝的神圣性、神秘性，保障皇帝的人身安全，是汉律的一项重要任务。

（2）不敬、大不敬。不敬，即对皇帝轻蔑失礼。对皇帝已亡父祖以及皇帝的近臣亲信，甚至皇帝使用的器物、牲畜等，都要毕恭毕敬。

（3）阑入宫殿门。阑入，指擅自闯入。宫殿是皇帝居住和处理政务的地方，为了保障皇帝的人身安全，门禁森严。

贾谊《新书·等齐》篇曰："天子宫门曰司马，阑入者处城旦刑，阑入殿门之罪最重，处弃市。"

上述犯法者属于王侯显贵或官吏，一般人"阑入"无疑是罪死不赦。

3. 危害国家安全的犯罪

除了上述直接危及封建专制统治的犯罪外，汉代还严厉惩治其他危害封建统治秩序的犯罪，现略举几例如下：

（1）大逆无道。汉统治者把反抗封建统治的农民诬为"盗贼""群盗"，以大逆无道罪加以严厉镇压。《汉书·景帝纪》如淳注引汉律："大逆无道，父母妻子同产皆弃市。"

（2）群饮酒罪。为防止农民聚众造反，汉律规定："三人以上无故群饮，罚金四两。"

（3）首匿罪。首匿，指主谋藏匿罪人。汉律中的首匿罪，主要指隐藏"谋反""谋大逆"等危害封建统治的严重犯罪。凡犯首匿罪者皆处以重刑。《汉书·王子侯表》载：宣帝"元康元年，修故侯福坐首匿群盗，弃市"。

（二）刑法原则举要

汉律关于定罪量刑的原则，基本上承袭秦制，但也有所变化，此处仅择要列举。

1. 体现礼律合流的"亲亲得相首匿"与"有罪先请"

"亲亲得相首匿"，指在直系三代血亲之间和夫妻之间，除犯谋反、谋大逆外，可以互相隐匿犯罪行为而无须承担法律责任或减轻处罚的定罪量刑原则。根据包庇者与犯罪者之间的尊卑亲属关系来定罪量刑，这是儒家家庭伦理与法律相结合的表现，也是汉代礼律合流的典型表现。

这一原则可以追溯到儒家先圣孔子，他早在先秦时就主张“父为子隐，子为父隐”。汉代儒家思想定为一尊之后，“亲亲得相首匿”便成为汉律中定罪量刑的一项原则，并为此后封建法典所继承。

根据这一原则，卑幼首匿尊亲属，不负刑事责任；尊亲属首匿卑幼，除死罪上请减免外，其他也不负刑事责任。而在儒家尊卑秩序中，子对于父母、孙对于祖父母、妻对于夫而言，皆为卑者对尊者的关系。

知识链接

汉宣帝地节四年诏曰：“自今子首匿父母，妻匿夫，孙匿大父母，皆勿坐。其父母匿子，夫匿妻，大父母匿孙，罪殊死，皆上请廷尉以闻。”

——《汉书·宣帝纪》

“有罪先请”，指法定范围内的贵族官员犯罪，司法官不能直接裁判，而应先请示皇帝再予以裁断的原则，“有罪先请”的结果往往是减轻或免除处罚。定罪量刑不是“以法律为准绳”而是根据犯罪者身份同罪异罚甚至不罚，这是封建特权制度与法律相结合的表现，也是汉代礼法合流的典型表现。

• 知识链接

宣帝黄龙元年（公元前49年）诏："吏六百石位大夫，有罪先请。"

平帝元始元年（公元1年）正月令："公、列侯嗣子有罪，耐以上先请。"

东汉光武帝建武三年（公元27年）七月诏曰："吏不满六百石，下至墨绶长、相，有罪先请。"

2. 关于刑事责任年龄

秦律以身高确定刑事责任，汉律则直接按年龄确定刑事责任，并有最低年龄和最高年龄的区别，这一方法为后世封建法典所沿袭。

（三）具有进步意义的汉代刑罚体系

1. 死刑

汉代死刑种类繁多，名称多沿前代之制，如族刑、枭首、腰斩、弃市等皆继续使用。惟“殊死”不见于先前朝前代。殊死就是斩首。

2. 肉刑与文景刑制改革

汉初仍沿用秦或前代的肉刑制度，如墨、劓、膑、宫等。

但到文景时期，文帝与景帝先后对肉刑进行了一系列的改革，至此，自夏商起延续了两千多年的肉刑制度发生了重大变化。文景刑制改革所涉不止肉刑，但以肉刑最为突出，对旧的奴隶制五刑体系的冲击最大，因此更值得关注。

（1）改革起因：缇萦救父。据《汉书·刑法志》载，公元前 167 年，齐太仓县令、著名医学家淳于意被人告发私通诸侯。当时法律规定，私通诸侯罪当处肉刑。于是淳于意被押解到京师长安。淳于意的小女儿缇萦随行至长安并上书汉文帝，称其父任太仓县令时清廉公正，虽犯罪依法当处肉刑，但如此则无法复原，更不能改过自新，自己愿入宫为奴婢，以替父赎罪，使其有机会自新。文帝看了之后深受感动，下诏进行刑制改革。

（2）改革过程。汉文帝十三年（公元前 167 年），刑制改革开始。丞相张苍、御史大夫冯敬提出改革方案并得到了皇帝首肯，内容大体为：凡当完者，完为城旦舂；当黥者，髡钳为城旦舂；当劓者，笞三百；当斩左趾者，笞五百；当斩右趾者，弃市。这一方案废弃了黥、劓、膑（即斩左趾、斩右趾）三种肉刑，是对奴隶制五刑的巨大冲击。自此，我国古代残酷、野蛮的旧五刑体系走向解体，较为人道、文明的封建制五刑体系逐渐生成。

景帝即位后，总结文帝刑制改革的经验教训，又先后两次下诏减少笞数，第一次是笞五百减为三百，笞三百减为二百；第二次是笞三百减为二百，笞二百减为一百，而且还规定了刑具规格、受刑部位以及施行时中途不得换人等等。

但改革也并非一日之功，到东汉初，明帝诏中又出现了斩右趾。至此，两汉肉刑经过改革后，仍存宫刑和斩右趾。

(3) 改革意义。文景刑制改革，在中国法制史上意义重大：一方面，它是中国古代刑制由野蛮阶段进入较为文明阶段的转折点；另一方面，这一改革，更加适应了封建经济基础需要，同时为封建刑制向新“五刑”的过渡奠定了基础。

3. 徒刑及其他

关于徒刑，汉沿秦制。

此外，两汉还有罚金、徙边等刑名，也都是沿用秦代或前代的制度。

二、婚姻家庭制度

汉代的婚姻家庭和继承制度，基本上沿袭西周以来的传统，总的精神大体相同，只在一些具体制度上有所改变。

（一）婚姻的成立

1. 婚龄

汉儒倡导男三十女二十这样的理想婚龄，如班固的《白虎通义·嫁娶》中就说：“男三十筋骨坚强，任为人父；女二十肌肤充盈，任为人母。”然而事实上，汉人的婚龄要小得多，其中有十六七岁结婚的，如东汉桓帝立后时年仅十六岁，南阳阴瑜的妻子荀采是十七岁出嫁的，刘兰芝也是十七岁时嫁给焦仲卿为妻的。还有十一二岁至十四五岁结婚的，如汉昭帝诏召上官氏为婕妤时年仅十一，立后时年十二；明德马皇后被选入太子宫时只有十三岁；才女班昭嫁曹氏时也是年十四。甚至于还有小于十岁结婚的，《汉书·外戚传》记载：“诏召（上官）安女入为婕妤，安为骑都尉，月余遂立为皇后，年甫六岁。”可见，汉人的婚龄是比较小的，这在当时就曾受到关注，比如：西汉大儒王吉就针对当时的早婚现象提出批评说：“世俗嫁娶太早，未知为人父母之道而有子，是以教化不明而民多夭。”

2. “夫为妻纲”的一夫一妻多妾制

同当今社会一样，汉代婚姻的成立也需遵循一夫一妻制原则，但当时的一夫一妻制严格来讲是一夫一妻多妾制，它包含两层含义：一是对于妻的一夫制；另一则是对于夫的一妻多妾制。

首先，汉代强调妇女恪守妇道，要求妇女严格遵循一夫制，要“从一而终”。

从西汉起，随着儒家伦理道德的推广，妇女“从一而终”的观念越来越被统治者所大力倡导。东汉章帝亲自主持的白虎观会议就强调：“夫有恶行，妻不得去者，地无去天之义也。夫虽有恶，不得去也。”[1] 也就是说即使丈夫有恶行，妻子也不得离婚再嫁，因为丈夫就是妻子的天。《后汉书·列女传》中也表达了相似的理论：“礼，夫有再娶之义，妇无二适之文，故曰夫者天也。天固不可逃，夫固不可离也。”而且，统治者还专门为守节妇女著书立传，以此倡导、强化妇女“从一而终”的贞节观。对此，可从《后汉书·列女传》中撷取两例来加以认识。

例一：南阳阴瑜的妻子，聪敏有才，十七岁便出嫁，生有一女，但不幸年仅十九岁丈夫便去世了。后其父强逼再嫁，但她誓死不负前夫，自缢而亡。其“从一而终”的行为感动了统治者，故在正史中立传予以褒奖。从这个例子中，我们可以看到统治者全然不顾惜其十九岁的青春年华，也无意念及其尚年幼的孩子，用意只在褒奖该女为夫守节之志，只在为妇女屈从“从一而终”的节妇观念做宣传。

例二：吴许升的妻子吕荣，辛苦持家但其丈夫却不务正业，以至于“荣父积忿疾升，乃呼荣欲改嫁之”，但吕荣却认为“命之所遭，义无离贰！”终不肯归。同上一案例相似，统治者褒奖吕荣的“义无离贰”之意跃然纸上，就是“父母之命”也得退避了。

其次，与要求妇女“从一而终”的一夫制相反，汉代男

---

① 《白虎通·嫁娶》。

子却可一妻多妾、可休妻再娶、妻死再娶。

以皇帝为例，仅从等级上来讲，西汉初皇帝除了正妻皇后外，还有夫人、美人、良人、八子、七子、长使、少使等享有不同爵位秩禄的妾。到武帝时又增加了婕妤、娙（xíng）娥、容华、充依等，元帝时又创昭仪之制，其时后宫已达十四个等级。不仅皇帝，太子、皇孙也都是妻妾成群，如武帝时太子“有妃，有良娣，有孺子，妻、妾凡三等”。《汉书·外戚传》即使东汉光武中兴时提倡俭朴，后宫除有爵位的皇后、贵人外，还有无爵位的美人、宫人、采女等。

皇族若此，其他贵族官僚蓄妾虽不及皇帝，但有的数量也很多，如史载文帝时丞相张苍就是“妻妾以百数，尝孕者不复幸”。由于贵族官僚妻妾成群危及社会政治，元帝时的谏议大夫贡禹曾向皇帝纳谏说当时“取女皆大过度，诸侯妻妾或至数百人，豪富吏民畜歌者至数十人，是以内多怨女，外多旷夫。”

汉代男子不仅可以一妻多妾，而且可休妻再娶、妻死再娶，这方面的例子也不胜枚举。休妻再娶的，如《孔雀东南飞》中的男主人公焦仲卿就被其母逼迫尽早休妻重娶，诗中写道：“东家有贤女，自名秦罗敷。可怜体无比，阿母为汝求。便可速遣之，遣去慎莫留。”更有甚者，还有门徒帮助休妻重娶的，《后汉书·桓荣传》注引谢承书曰：“荣年四十无子，汤（桓荣门徒）乃去荣妻为更娶，生三子，荣甚重之。”妻死再娶的如《后汉书·列女传》中的“汉中程文矩妻”“安定皇甫规妻”等都是。

3. 体现伦理教化的婚姻“六礼”

汉代婚姻的程序要件仍是“六礼”，但在儒家伦理的浸润下，其仪式更具教化意义，下面也举例说明。

《白虎通义·嫁娶》中有一段“亲迎礼”序曲：“父命醮（jiào，古代婚礼中的一种简单仪节）子遣之迎，命曰：‘往迎尔相，承我宗事。帅以敬先妣之嗣，若则有常。’子曰：‘诺。唯恐不堪，不敢忘命。’”在醮的仪式中，父亲对儿子严词托付“承宗继嗣”之重责，儿子则诚敬恭顺地聆听教诲。言语间但见得父家长的威严、为子的顺从，庄重的语言交流中敬宗、孝亲的伦理教化过程自然完成。《礼记·昏义》中也有同样的记载：“父亲醮子而命之迎，男先于女也。”之后男至女家，依礼进行一系列隆重的仪式后，“降，出御妇车”。也就是夫下堂（出庙门），妇相随而出。“亲迎礼”即夫迎妇，出门的顺序为男先女后，以示妇对夫相从之义，可见其伦理教化的进行无所不在。

又“六礼”仪式中须“以雁贽”，即用雁做见面礼。《白虎通义·嫁娶》在解释为何“以雁贽”时说：“贽用雁者，取其随时南北，不失其节，明不夺女子之时也。又取飞成行、止成列也，明嫁娶之礼，长幼有序，不相逾越也。”也就是说，用雁做见面礼，一则是因为雁为候鸟，随时令的变化而南飞北归，来去有时，从不失时节，所以用雁来象征婚嫁适时、适龄；二则大雁行止有序，领头的是强壮之雁，而幼弱者追随其后，从不逾越。将这个原则用于嫁娶，长幼循序而行，不越序成婚。一个见面礼，也蕴涵如此深意，婚礼的伦理教化之意不言而喻。

再看嫁女之家的仪式——“父曰：‘诫之，敬之，夙夜无违命。’女必有端绣衣若笄之。母施襟结帨（shuì，佩巾）曰：‘勉之，敬之，夙夜无违宫事。’”接着庶母也命曰：“敬恭听尔父母言，夙夜无愆。”一套繁琐的仪式伴随一番番凝重的告诫，只希望女儿出嫁后做个谨守妇德的好儿媳。女儿要出嫁了，要走向一个陌生的家庭，生之养之的父母不是与女儿依依惜别，也不是深深地祝福女儿，而是要利用这最后的机会对女儿进行妇德教育，可见婚礼教化功能的无孔不入了。及至“成妇礼，明妇顺，又申之以著代，所以重责妇顺焉”，婚礼的教化功能总算可以暂告一段落了。

（二）维护父权、夫权的休妻制度

汉代仍以夫享有单方面的休妻权为婚姻解除的基本原则。而且，随着两汉时期儒家思想对法律的影响，封建礼教更是日益成为束缚妇女的一条绳索，现撷取几例以供评析。

例一，姜诗休妻。东汉时广汉人姜诗，妻庞氏。姜诗对母亲特别孝顺，庞氏侍候婆母尤其尽心。母亲喜欢喝江里的水，而江距家六七里，庞氏经常去江里打水，供婆婆食用。

一次遇上大风，庞氏不能及时赶回，而婆婆又渴了急着要喝水，姜诗因此责备庞氏，休出家门。这是因不孝休妻了。

——《后汉书·列女传》

例二，丁兰休妻。丁兰，相传为东汉时期河内（今河南黄河北）人，幼年父母双亡。他经常思念父母的养育之恩，于是用木头刻成双亲的雕像，事之如生，凡事均和木像商议，每日三餐敬过双亲后自己方才食用，出门前一定禀告，回家后一定面见，从不懈怠。久之，其妻对木像便不太恭敬了，竟好奇地用针刺木像的手指，而木像的手指居然有血流出。丁兰回家见木像眼中垂泪，问知实情，遂将妻子休弃。丁兰因妻子对木刻双亲不恭敬就休妻，这简直是匪夷所思了。

——二十四孝故事《刻木事亲》

例三，许敬休妻。东汉河南南顿人许敬，是和帝时河南尹应顺的同乡好友，家贫，有妻，没有生子，双亲年事已高，后在应顺的帮助下休妻另娶。这是无子休妻的。

——《东观汉记·应顺传》

例四，东汉汉元后王政君生母李氏因为不满其丈夫多妾，被其夫休去。这是因妒被休的。

——《汉书·元后传》

例五，陈伯休妻。陈伯是西汉陈平的哥哥，辛苦从事农业生产供养弟弟读书。陈平长得高大肥胖，邻居就问陈平吃什么了长得那么好？陈伯的妻子很不满意小叔子不帮忙劳动，就说："家里不过吃的是粗糙的粮食！有这么一个不事生产的小叔子，还不如没有哩！"陈伯对妻子这样的言论很不满意，就把妻子休弃了。这大致是因"口多言"休妻了。

——《汉书·陈平传》

三、继承制度

两汉的王位继承基本上仍实行嫡子长继承制，而且强调父死子继，所谓"父子相传，汉之约也"。

汉律有关"非子""非正"的规定。所谓"非子"，是指非亲生子；"非正"，是指非嫡妻之子。从史书记载看，汉律不承认"非子""非正"的爵位继承权。凡有爵位的王侯，坐"非子""非正"者，免爵除国。

例如：宣帝时封武将赵充国为营平侯，侯位传到他孙子赵钦时，钦抱养了一个儿子，起名赵岑。钦死后，岑继位，被人告发，"岑坐非子免，国除"。哀帝二年（公元前7年），阳新侯郑业，"坐非正免"。这一规定旨在保障贵族的权位传给真正的后代，不致紊乱"纪纲"。

关于财产继承，主要是土地和其他财物。据《史记·陆贾列传》记载，陆贾有五个儿子，他将"千金分其子，子二百金，令为生产"。说明汉代开始出现诸子均分财产的情况。

此外，汉代也出现了收养制度。据《后汉书·顺帝纪》载，阳嘉四年（公元135年），春二月，"初听中官得以养子为后，世袭封爵”。中官即宦官，他们因受阉割，丧失生殖能力，故无后。可见，中官的养子，与亲子的地位相同。

“春秋决狱”

一、含义

“春秋决狱”，也称“引经决狱”，指在审判案件时，如果法律无明文规定，则以《春秋》为代表的儒家经义作为定罪量刑的依据，考察行为人主观动机的善恶后定罪量刑，也就是论心定罪。

“春秋决狱”的首倡者为董仲舒，他在《春秋繁露·精华》篇中曾对“春秋决狱”的基本精神作了解说：“春秋之听狱也，必本其事而原其志：志邪者不待成，首恶者罪特重，本直者其论轻。”也就是审理案件必须根据案情事实，追究行为人的动机；动机邪恶者即使犯罪未遂也不免刑责；首恶者从重惩治；主观上无恶念者从轻处理。这里强调审断时应重视行为人在案情中的主观动机，在着重考察动机的同时，还要依据事实，区分首犯、从犯和已遂、未遂。

二、案例简介

董仲舒是“春秋决狱”的倡导者，他年老辞职回家后，朝廷每有重大案件，就派廷尉张汤或其他人前去请教如何处理。董仲舒于是作《春秋决狱》，记载二百三十事。该书后来失传，只有后人著作中摘录的几个案例保存了下来，此处选取三例加以了解。

（一）过失伤父案

乙与丙发生争吵，怒而相互斗殴，丙拔出佩刀刺向某乙，乙的儿子甲见情势危急，便拿起杖去击打丙，却误伤了自己的父亲。案件发生后，司法官认为，根据刑律规定，甲殴父构成不孝罪，应将甲枭首示众。但是，董仲舒却不这样认为。他引用《春秋》中"许止进药"的例子说，许止尽力服侍患病的父亲，不料父亲喝了他进献的药却病情加重身亡，但许止的主观动机是尽孝，决非有意毒杀父亲，因此被赦免死罪，改判轻刑。在本案中，甲见父亲遭丙殴打而持杖救护，也决不是有意伤害自己的父亲，和律文所说的殴打父亲不同，因此甲不应判罪。

感悟：其一，汉律子殴父构成不孝，当枭首示众，可见刑律之苛；其二，董仲舒引《春秋》典故断甲无罪，嘉其孝行，实则是儒家伦理释律的典范；同时，定罪量刑考察行为的主观动机，本是司法技术的进步，但董仲舒判断动机善恶的标准却是儒家的宗法伦理，则大大减损了其进步意义。

（二）匿养子案

某甲无子，从路边捡到一个弃儿乙抚养。乙长大后，犯有杀人罪，将情况告诉了甲，甲便将乙藏匿起来。案发后二人被捕。依照汉律，隐匿罪犯要受到处罚，不过亲属之间隐匿犯罪可以不负刑事责任，即“亲亲得相首匿”。但是有人认为该案中甲并非乙的亲生父亲，因此甲隐匿罪犯应当依律处刑，而不能适用“亲亲得相首匿”。董仲舒了解案情后说，甲乙虽然不是亲生关系，可是甲抚养乙多年，已经形成了实际上的父子关系，应当根据“父为子隐”的原则来处理，因此甲不应论罪。

感悟：其一，甲乙之间乃养父子关系，通过此案可见得汉代存在收养关系，且法律上视同亲生父子关系；其二，包庇罪犯，却因父子关系而不追究任何刑事责任，完全不符合当代法治精神。罪刑法定，怎可因情屈法？可叹中国几千年的传统法律文化中充满了挥之不去的亲情，直至当今仍不能彻底根除。

（三）寡妇再嫁案

甲的丈夫乙驾驶海船出航，遇到风暴沉没，溺水而死，尸首漂走无法安葬。四个月后，甲的母亲丙将她嫁给了他人。后此事被告发。有的官吏认为，甲的丈夫死后未安葬，按照法律规定是不能改嫁的，甲私为人妻，应当判处死刑，予以弃市。董仲舒则根据《春秋》之义认为，丈夫死后，寡妇如果没有儿子，是可以改嫁的，且甲是被她的母亲做主改嫁的，并非私为人妻，因此没犯罪，不应受到惩罚。

感悟：其一，在此例中，董仲舒判定甲不被判处“私为人妻”而弃市的原因在于：一则甲作为女人，只能“未嫁从父，既嫁从夫，夫死从子”，“听从为顺”。现在夫死无子，无处可从，因此再嫁是允许的；二则甲又系尊母命再嫁，并非擅自做主，因此不构成“私为人妻”。不难想象，假如甲并非“尊者所嫁”，其“淫行之心”便一目了然了，而其被坐以私为人妻的罪名是毋庸置疑了。其二，“私为人妻”，当处弃市，汉代父权夫权制度下妇女的悲惨命运可见一斑。其三，此案中甲虽因《春秋》之义而死里逃生，但生活在“夫死无男”才可改嫁等《春秋》之义中，对古代妇女来讲，不啻为戴上了沉重的精神枷锁。

三、简评

“春秋决狱”一直延续到礼律合一定型才最终退出历史的舞台，对法律儒家化起了重要的推动作用。考其历史，可以正反观之：一方面，它是司法原则的发展和审判上的一种积极的补充，促进了法律儒家化的进程，推动了律学的发展，为律学的繁荣提供了契机；另一方面，它又在某种程度上为司法官吏主观臆断、肆意枉法提供了理论依据，专以主观动机“心、志”的“善恶”，判断有罪无罪或罪行轻重，也往往会成为司法官吏主观臆断和陷害无辜的口实。可见以《春秋》经义决狱在运作中容易产生流弊，在某种程度上为“擅断论”提供了不实的依据。

• 知识链接

董仲舒，西汉唯心主义哲学家，河北广川（今河北枣强县广川镇）人，一生大部分时间“以修学著书为事”，著有《春秋繁露》《春秋决狱》等。

董仲舒以《公羊春秋》为依据，将周代以来的宗教天道观和阴阳、五行学说结合起来，吸收法家、道家、阴阳家思想，建立了一个新的思想体系，成为汉代的官方统治哲学，对当时社会所提出的一系列哲学、政治、社会、历史问题，给予了较为系统的回答。

案例与典故拾零

一、萧规曹随

（一）典故

一代名相萧何去世后，曹参继任汉相。与前任萧何完全不一样，曹参上任后整天在家里饮酒作乐，无所事事。而在遴选官员方面，则偏好选择那些比较和缓、大而化之，不那么苛察、细致的人。周围很多官员都试图劝说，但都没有成功。

对于曹参的行为，汉惠帝也很担心，就请曹参的儿子曹窋（zhú）方便时劝说自己的父亲。然而曹参不但没有接受儿子的意见，反而责怪儿子不懂事，还笞打了儿子。惠帝知道后，向曹参说明是自己请曹窋去劝说的，并谈了自己的忧虑，希望丞相能够积极地开展工作。曹参就问惠帝，说陛下与高祖相比您觉得自己怎么样？惠帝说我不能跟高祖相比，我达不到高祖那个程度。曹参又问，说陛下您看我和萧何丞相比又如何呢？惠帝说那好像也是不如萧丞相。君臣二人答问至此，曹参就说，既然我们都不如他们，而他们先前把各项规章制度都已经制定好了，我们守着这些制度、照着这些制度去做就可以了，不必再去有什么其他的作为。曹参说完，惠帝恍然大悟，君臣相视大笑。这就是所谓的“萧规曹随”。

（二）读典故学法史

上述典故中曹参的做法就是“无为而治”了，由此可见，曹参应是汉初无为而治的典范了。正因其实施无为，汉初老百姓才得以安心生产和生活。

二、张释之依法判处案

（一）案情简介

汉文帝三年（公元前 177 年），张释之被任命当廷尉。一次，文帝外出行至中渭桥，突然有一个人从桥下跑出来，惊了文帝御驾的马。文帝命令侍卫人员抓住他，交给廷尉查办。张释之经过审讯，了解到这个人本来是躲在桥下，直到以为皇帝车驾过去了才出来，没想到正好碰上车驾。于是，张释之根据情节判处罚金。汉文帝得到上报后非常生气，责备张释之处罚太轻。张释之解释说："法律是皇帝与全国百姓共同遵守的。现在法律条文就是这么规定的，要是加重处理了，法律就不能取信于民了。当初，皇帝叫侍卫人员把他杀掉也就算了，现在既已送交廷尉处理，而廷尉的责任就是公正地掌管全国的法律，必须严格按照法律办事。如果廷尉不公正，偏向一边，各地执行法律就也会有轻有重，老百姓就会惶恐不安，无所适从，请皇帝慎重考虑!"汉文帝沉思了一会儿，说："廷尉是应当这么做!"

（二）读案例学法史

1. 跸（音 bì），指古代帝王出行时清道，禁止他人通行。犯跸则指冲撞了皇帝的车队。

2. 此案中民人冲撞了皇帝车驾，属犯跸行为，而汉律对犯跸行为的处罚是罚金。张释之依法判处案犯罚金，并不因案件涉及一国至尊的皇帝而有所更改，其法律面前人人平等的观念行为堪为当时直至今时今世之楷模。

3. 文帝体恤民意行刑制改革，促进刑罚文明功不可没，然终究是人治君主，涉及自身利益时就想着践踏法律尊严，只是随其意旨偶施"仁治"而已。不过，此案中，文帝最终为张释之所打动，承认廷尉之职乃行"天下之平"，已经难能可贵了。

三、杜周以皇帝旨意为法律

（一）典故

汉代不仅有张释之这样尊重法律的廷尉，还有杜周一类玩法律于掌股之上的廷尉。史载杜周平素沉默寡言，老成持重，外宽柔而内深刻，比起当时以严酷著称的其他一些“酷吏”，执法尤为严酷。当上廷尉之后，杜周非常善于揣摩皇帝的旨意，皇帝想要严惩的，杜周就千方百计设计陷害；皇帝想要从轻处罚的，杜周则会想尽办法为其开解。有人批评杜周办案不以法律为准绳，而以皇帝的意旨为转移，杜周则振振有词地反驳说：法律从哪里来的？皇帝的旨意不就是法律吗？言下之意，法律是皇帝根据社会发展变化的情况而制定的，我遵循皇帝的旨意来定罪量刑是没错的。

（二）读典故学法史

杜周贵为廷尉，执掌国家司法大权，却以人主旨意行事而将法律置之度外，有这样的执法者，法律有无有什么重要？有这样的中央最高司法官，这个国家的司法状况可想而知了。

第六章

礼律合流的发展：三国两晋南北朝法律

三国两晋南北朝时期，立法活动频繁，律学思想活跃，礼律合流的进程不断加快。

三国两晋南北朝时期，立法活动频繁，律学思想活跃，礼律合流的进程不断加快，为隋、唐儒家化法律体系的完备奠定了基础。

律典举要

一、魏《新律》

曹魏政权的《新律》是在汉律的基础上制定的，是三国时期律典的代表，通常称其为魏律，对晋律的制定有直接影响。

《新律》早已失传，仅《晋书·刑法志》保存有《新律序》的部分内容。据记载，它在汉《九章律》的基础上，“都总事类，多其篇条”而成；“凡所定增十三篇，就故五篇，合十八篇”。“就故五篇”指沿用《九章律》的五篇，即

《盗律》《贼律》《捕律》《杂律》《户律》；而新增的十三篇为《刑名》《劫略》《诈律》《毁亡》《告劾》《系讯》《断狱》《请赇》《兴擅》《留律》《惊事》《偿赃》《免坐》等。

魏《新律》对汉旧律的改革主要有如下两项：

（一）律典体例编排技术提高

魏《新律》改《具律》为《刑名》，并移至第一篇。汉《九章律》中《具律》在第六篇。《具律》类似现代刑法总则，放在中间很不恰当，故魏《新律》将其改称《刑名》列于律首。这一改动为以后的晋律、北齐律所肯定。《刑名》后又增《法例》一篇，北齐律则将二者合为《名例》一篇，此后相沿未改，直至于清。

此外，《告劾》《捕律》《系讯》《断狱》四篇的先后排列顺序，正与当时的司法程序相吻，不能不说是立法技术进步的体现。

（二）删繁就简

魏《新律》虽然比《九章律》篇目增加，但已大大改观了汉中期后律令繁多的状况，为其后立法奠定了基础。

二、西晋《张杜律》

《张杜律》在汉律、魏律的基础上修订，其修订始于曹魏末年，历时四年，至晋武帝司马炎泰始三年（公元 267 年）完成，次年颁行全国，史称《晋律》或《泰始律》。因律学家张斐、杜预为其所作注释被晋武帝批准与律文同具法律效力，故又被称为《张杜律》。

《张杜律》的历史贡献主要有以下两个方面：

（一）体例上增加《法例》篇目

《晋律》在魏律基础上共分二十篇，计：《刑名》《法例》《盗律》《贼律》《诈伪》《请赇》《告劾》《捕律》《系讯》《断狱》《杂律》《户律》《兴擅》《毁亡》《卫宫》《水火》《厩律》《关市》《违制》《诸侯》。同时晋代律令将多达七百余万字的汉末律令，精简到约十二万六千字，称得上是“蠲其苛秽，存其清约”。

（二）增加律疏注释，法律解释趋于规范化

晋律对魏律的改进，特别是张斐、杜预二人对律文的注释，侧重于律典的体例、篇章逻辑结构和概念，以及定罪量刑等具体问题的研究，这一切促进了传统法制和律学的发展。

例如：张斐对《晋律》中二十个名词进行了解释，即“故意”是“知而犯之谓之故意”；“过失”是“不意误犯谓之过失”；“谋”指“二人对议”；“群”是指三人以上；“赃”是以图利为目的，“戏”重在双方相和斗；“斗”着重在双方争执；“诈”是以背信为要件；“率”指力能指挥众人；“强”是以不和为原则；“造意”重在首先倡议等。这些对确定犯罪性质，区分犯罪情节的名词的解释，多为后世法律所遵奉。

《张杜律》开以《唐律疏议》为代表的封建法典律疏并行的先河，为东晋、宋、齐沿用，共承用达二百三十五年，是两晋、南北朝时期行世最久的一部法典，对后世立法影响深远。

●知识链接

张斐，魏末晋初人，著名律学家，晋武帝时任明法掾（精通律令，负责解释法律的官员）。据《隋书·刑法志》《唐书·刑法志》等记载，张斐著有《律解》二十卷、《杂律解》二十一卷、《汉晋律序注》等，均已佚失。张斐注《泰始律》后向晋武帝上奏的《注律表》，全文两千余字，辑录在《晋书·刑法志》中，系研究其法律思想和晋代法制的重要史料。

杜预，字元凯，出身于官宦世家，并娶了司马懿的女儿，在司马昭执政后渐受重用。他从小博览群书，勤于著述，对经济、政治、军事、法律、历法、数学、史学等等学科都有研究，当时的人曾给他起个“杜武库”的绰号，称赞他博学多通，就像武器库一样，无所不有。他特别爱读《左传》，自称有《左传》癖。先后参与了伐蜀战争和《晋律》的修订，但他不擅骑射，“身不跨马，射不穿札”。

《晋律》开始修订时，杜预时任守河南尹，受命参与法律的制定。当时主持修律的是贾充，而实际上杜预担负了最繁重的劳动，全部晋律的注解都是由他完成的，对《晋律》的制定作出了杰出的贡献。

杜预生前的著述很多。据《隋书·经籍志》记载，杜预的书保留到唐世，还有《春秋左氏传音》三卷，《春秋左氏传评》二卷，《春秋释例》十五卷，《律本》二十卷，《杂律》七卷，《丧服要集》二卷，《女记》十卷以及他的文集十八卷。

三、《北齐律》

晋律之后、隋唐律之前，最有成就的是《北齐律》。北齐武成帝河清三年（公元 564 年），在封述等人主持下，编定成《北齐律》十二篇，九百四十九条。以“科条简要，法令明审”著称。

《北齐律》的制订，前后历时十余年，参加者有数十人之多，主持者是出身于著名律学世家封氏家族的封述。其立法成就主要表现在以下三方面：

首先，《北齐律》进一步改革体例，省并篇目，开创了十二篇的篇章体例。

其次，首创了《名例律》的律典篇目，将《刑名》《法例》合为一篇，称《名例》，冠于律首，突出了律典总则的性质和地位，增强了法典结构上的科学性。

再次，突出了“科条简要”的立法特点。改《宫卫》为《禁卫律》，将原来宫廷警卫扩及关禁；增加《违制律》，完善吏制的法律规定，以保证国家机器的正常运转。其他篇章也多有损益，史称“科条简要，法令明审”。

《北齐律》上承汉魏律之精神，下启隋唐律之先河，成为隋唐法典的蓝本。民国时期法律史学家程树德说：“南北朝诸律，北优于南，而北朝尤以齐律为最。”

• 知识链接

封述，字君义，出身门阀氏族渤海封氏，封氏家族博通经史、尤精法律，是北朝最负盛名的律学世家。封氏子弟在长期的仕宦生涯中，以他们的家传律学影响着北朝法制建设的走向，为中国儒法合流、礼法结合的法律体系定型奠定了基础。

封述本人历任多职，参加过多次法律的修订工作，尤其是河清三年参加了《北齐律》的修订。《北齐书》中说：“述久为法官，明解律令，议断平允，深为时人所称。”对其评价甚高。

礼律合流的新发展

一、“重罪十条”入律

“重罪十条”即后世法典中之“十恶”，包括反逆、大逆、叛、降、恶逆、不道、不敬、不孝、不义、内乱十类严重危害封建专制统治和违反伦理纲常的犯罪，自北齐开始被置于律首，凡犯者严加惩治。

“重罪十条”由秦汉时的“不孝”“反逆”等罪名发展而来。随着儒家思想被确立为封建正统，违反以“三纲”为核心的儒家伦理的“大逆”“不孝”等罪日益系统化、规范化，至北齐形成“重罪十条”，包罗了封建宗法制度的各个方面，进一步把礼法结合起来，强化了对君权、父权、夫权的维护。隋唐律在此基础上发展为“十恶”定制，并为宋、元、明、清历代所承袭。

二、封建特权入律

（一）“八议”入律

“八议”是指对八种权贵人物，在他们犯罪以后在审判上给予特殊照顾，所谓“大者必议，小者必赦”，官府不得专断。这八类人包括“亲”“故”“贤”“能”“功”“贵”“勤”“宾”。

“八议”之说渊源已久，例如：有“刑不上大夫”，汉有“先请”之制，但并未形成完整体系。曹魏总结前代经验，制定魏律时，“八议”成为封建法典主要内容之一。“八议”的入律，使贵族官僚地主享有特权，凌驾于一般法律制裁之上，为统治阶级中不法分子破坏法律大开方便之门。

知识链接

东晋成帝时，庐陵太守羊聃倚仗自己是皇亲国戚为非作歹，滥施刑杀，有一次竟错杀无辜二百多人，甚至还包括一些婴孩，引起民众强烈不满。“有司奏聃罪当死”，但因景献皇后是他祖姑，属八议的“议亲”之列，最终仅以除名了事。

——《晋书·卷四十九·列传第十九》

（二）“官当”入律

“官当”指官吏犯罪可以官抵罪，自北魏起入律。《北魏律·法例》规定：公、侯、伯、子、男五等爵，每等抵三年徒刑。官品从第五品起一阶当刑二年；免官者，三年后照原官阶降一级续用。

至隋、唐，“官当”制日臻完备。但官当制度是保护封建官吏的，官吏犯罪，很容易利用它来逃避惩罚，这同封建专制主义进一步发展后需要加强对官吏的控制是有矛盾的。因此，明、清律没有规定官当制度。

三、服制定罪入律

服制定罪是指亲属间的犯罪，依据五等丧服所规定的亲疏关系来定罪量刑。尊长杀伤卑幼，关系愈近则定罪愈轻；反之，卑幼杀伤尊长，关系愈近则定罪愈重，但有些犯罪，如卑幼盗窃尊长财物，则恰恰相反。这一制度乃《晋律》首创，《晋书·刑法志》曰：“峻礼教之防，准五服以制罪也”，即为了严格“礼”所规范的尊卑秩序，应当按照五服制度所规定的亲属关系来定罪量刑。这是自汉以来礼法合流的又一体现，以后历代律典均相沿用，明代更将丧服图列于律首。

• 知识链接

五等丧服制度

中国古代丧服根据与死者由亲至疏、由近及远的关系分为斩衰（cuī）、齐衰、大功、小功、缌（sī）麻五个等级，故称“五服”，五个等级各有特定的居丧服饰、时间和生活起居行为规范的要求。以斩衰为例，规定儿子为父亲服丧而穿的衣服。全套丧服的要求是：不缝边的粗麻衣裳、麻带、木杖、麻编帽、草鞋等。斩衰之服丧期三年（实际是二十五个月）。居丧期间，行为有严格规范，比如：不可饮酒食肉，要睡草垫子，枕土块，睡觉不脱孝服，也不能婚娶，不能赴宴，不能听音乐，不能游戏嬉笑等等。

四、犯罪留养入律

留养，亦称“存留养亲”，指犯人直系尊亲属年老应侍而家无成丁，死罪非十恶，允许上请；流刑可免发遣；徒刑可缓期，将人犯留下以照料老人，老人去世后再实际执行。定罪量刑后不依法定程序执行刑罚，而是依亲情酌情变通，这是中国古代法律家族化、伦常化的具体体现，也是礼律合流的又一表现。犯罪留养制度自北魏入律，为后代法律承袭，直至清末。

• 知识链接

诸犯死，若祖父母、父母七十以上，无成人子孙，旁无期亲者，具状上请，流者鞭笞，留养其亲，终则从流，不在原赦之例。

——《魏书·刑法志》

案例与典故拾零

（一）悬瓜拒礼

苏琼，字珍之，北齐时曾任南清河太守，为官清廉，拒收贿赂。一次，曾任乐陵太守的赵颍得到一对新瓜，便亲自来送给苏琼，他倚仗年纪大，苦苦请求，于是苏琼就将瓜留下，但他并没有打开而是将瓜挂在厅堂的大梁上。老百姓听说苏琼收下了赵颖的瓜，于是也都争相进献新果，结果看到赵颖的瓜还在，便只好离去了。

（二）兄弟争田

苏琼在任时有老百姓乙普明兄弟争夺田地，多年未能断清，两人各自提供证人，竟然有一百来人为他们双方作证。苏琼召集乙普明兄弟，当着众人劝告他们说："天下难以得到的是兄弟，容易寻求的是田地，假如让你们得到田地而失去兄弟之心，将会怎样?"苏琼说着就掉下泪来，众人无不哭泣。乙普明兄弟叩头请求到外面去再加考虑，他们兄弟已分居十年，于是又搬到一起居住。

第七章

礼律合流的定型：隋唐法律

隋唐时期，封建法律制度进入了礼律合流的定型阶段。

隋唐时期，封建法律制度进入了礼律合流的定型阶段。

581年，隋文帝杨坚认真总结以往立法经验，制定了著名的《开皇律》，并为唐律的产生奠定了坚实的基础。隋炀帝继位以后，昏庸贪暴，自毁隋代法制，隋统治因而速亡。

唐朝建立以后，在隋代法律制度的基础上作了重大改革，制定了中华法系的代表作《唐律疏议》，使中国封建法律制度进入了定型阶段。

《唐律疏议》作为中华法系的代表作，不仅对宋、元、明、清产生了深刻的影响，并超越国界影响到邻近的东亚、东南亚各国。日本著名的中国法制史学家仁井田陞（shēng）曾评价说："7世纪的唐律比16世纪神圣罗马帝国的卡罗林纳法典有过之而无不及，同时也可以同17世纪德意志刑法典相媲美"，可见《唐律疏议》在世界封建法律制度中占有重要地位。

承前启后的《开皇律》

《开皇律》是隋初统治者总结以往立法经验而制定的一部具有代表性的封建成文法典。它承袭北齐律“科条简要，法令明审”的传统，对刑律体例加以调整，对法律内容作了重新修订，为《唐律疏议》的辉煌奠定了坚实的基础，因此，在中国封建法制史上起到了承前启后的重要作用。

一、《开皇律》的颁布修订

《开皇律》是隋文帝时期制定和颁行的。隋朝初年，隋文帝提出了“以德代刑”和“刑助教化”的立法思想，并通过《开皇律》的制定而付诸实践。

开皇元年（公元 581 年），大臣高颖、裴政等依照“取适于时，故有损益”的修律原则着手修订《开皇律》。《开皇律》的修订主要参照魏、晋以来各朝律典，尤其是《北齐律》。开皇三年（公元 583 年），鉴于当时“律尚严密”“人多陷罪”的局面，隋文帝又令苏威、牛弘等进一步更定，“除死罪八十一条，流罪一百五十四条，徒杖等千余条”。终定律文五百条，十二篇，使《开皇律》成为“刑网简要，疏而不失”的封建大法。

二、《开皇律》的历史贡献

（一）篇章体例更加简要

《开皇律》共十二篇，五百条。其十二篇的篇名依次为：《名例》《卫禁》《职制》《户婚》《厩库》《擅兴》《贼盗》《斗讼》《诈伪》《杂律》《捕亡》和《断狱》。

这种体例主要是仿照北齐律，但又对北齐律作了必要和合理的修改：一是修改了北齐律的部分篇名。如：将《禁卫律》改为《卫禁律》，《婚户律》改为《户婚律》等，突出了法律调整和保护的对象；二是删除《毁损律》，把《捕断律》分为《捕亡律》和《断狱律》二篇，并置于律典的最后部分，使程序法与实体法有所区别；三是按照封建统治的需要，对涉及实体法部分的篇目重新排序。

中国封建法典的篇目体例，起自战国时期《法经》，中经秦、汉、三国两晋南北朝，至隋代《开皇律》基本定型。其间经历了从简到繁、从繁到适中的发展过程，《开皇律》的十二篇标志着这一过程的完成，显示了中国古代立法技术的进步和成熟。这种十二篇的体例，后来被《唐律疏议》所沿用。

（二）封建五刑制度趋于完善

隋代《开皇律》删除北周不少苛酷的刑罚内容，如：废除北周磬刑（磬，音 qìng，一种死刑执行方法）、枭、裂等残酷的生命刑，把死刑法定为绞、斩两种；改北周流刑五等为流刑三等，并缩短距离，分别为一千里、一千五百里、二千里，一律不加鞭等等，使封建新五刑体制趋于完善，并直接影响到唐代。

（三）“十恶”定制

封建的“十恶”大罪由北齐的“重罪十条”发展而来。《开皇律》秉承维护封建专制秩序的宗旨，承继北齐“重罪十条”并加以完善，正式定为“十恶”罪，即“谋反、谋大逆、谋叛、恶逆、不道、大不敬、不孝、不睦、不义、内乱”。《隋书·刑法志》曰：“犯十恶及故杀人狱成者，虽会赦犹除名。”也就是说凡犯“十恶”大罪的，即使遇上大赦也不能幸免，即通常所谓“十恶不赦”。

隋代变北齐“重罪十条”的“反逆”“大逆”“叛”“降”为“谋反”“谋大逆”“谋叛”，突出“谋”的成分，严厉惩治预谋犯，一方面反映了封建统治经验的丰富与发展，另一方面也反映出封建专制统治的加强。此外，隋律增设“不睦”条，以更好地维护封建宗法关系。因为隋代“十恶”能够有效地维护封建皇权与封建国家的统治，所以，唐后各代相继承袭，以至成为不能轻易变更的定制。

（四）封建特权制度继续发展

隋代《开皇律》既承袭了魏、晋、南北朝的“八议”“官当”等特权制度，又有所发展。

首先，创设“例减”之制，规定八议人员、七品以上官员犯罪非十恶者，依例自然减刑一等。

其次，《开皇律》比照“以官当徒”，规定了“以官当流”的制度。

《开皇律》的规定，为违法犯罪的贵族官僚地主提供了更多的司法保障。随着法律上所规范的一系列特权制度的建立，犯罪者的身份成为定罪量刑所要参考的一个重要指标，可以说，封建律典的儒家伦理化日益突出。

三、《开皇律》与隋朝法制

《旧唐书·刑法志》曰：“自汉迄隋，世有损益，而罕能折衷。隋文帝参用周齐旧政，以定律令，除苛惨之法，务在宽平。比及晚年，渐亦滋虐，炀帝忌刻，法令尤峻。人不堪命，遂至于亡。”意思是，从汉到隋，历代制度都有增减改动，而很少能做到适中。隋文帝参用北齐、北周的政策法令，制定律令，废除苛残之文，法律务在宽平简明。但到晚年，随意用法渐趋惨虐。隋炀帝忌能刻薄，推行峻法严刑，终于导致隋统治的灭亡。这大致反映了隋朝的法制状况。

隋朝初年，隋文帝积极推行法律改革，在承袭北周、北齐旧律的基础上制定了有相当进步意义的《开皇律》。然而，到隋文帝末年，随着社会形势趋于紧张，阶级矛盾开始激化，隋文帝重新走上了严刑峻法的历史老路。

“一准乎礼”的《唐律疏议》

隋代退出了历史的舞台，但却为其后唐代的法制建设奠定了坚实的基础。唐代建立后，唐初统治者吸取隋亡的教训，也吸收隋代法制建设的经验，逐步构建起以《唐律疏议》为核心的法律体系。

一、初唐的法律思想

唐代法律思想的定型在初唐，而初唐法律思想的确立在贞观时期。唐初，为稳固新建的封建王朝，初唐统治者沿袭“德主刑辅”“礼刑并用”为核心的封建正统法律思想，提出并且实施了缓和社会矛盾的一系列政策与方针，取得了良好的效果。概括起来说，主要有以下几个方面：

（一）德主刑辅，礼州并用

早在高祖李渊时，就曾提出礼教与刑罚并重的思想。唐太宗继位后，着眼于治国治本，较前更加突出了封建礼义道德对法律的指导作用。贞观初年，君臣集议，讨论治国究竟以刑为先，还是以礼为先的问题。唐太宗欣然采纳了后一种意见，“遂以宽仁治天下，而于刑法尤慎”。在重视德治、慎用刑罚的同时，贞观君臣也丝毫不放松使用刑罚镇压的统治手段。在唐太宗看来，德礼为治国之本，刑罚为治世之用，二者关系是统一的不可分割的。他说："为臣贵于尽忠，亏之者有罪；为子在于行孝，违之者必诛。"即在他的观念里，为人臣、为人子最基本的准则是忠和孝，凡有违反忠和孝行为的，都应当受到刑律的严惩，即所谓"失礼之禁，著在刑书"，也就是说违反礼的行为纳入刑书，以严厉惩罚违犯纲常礼教的犯罪，明确地阐释了其以礼为内容，以法为形式，融礼、法为一体，相互为用的思想。

到高宗即位后，长孙无忌等老臣在主持制定《永徽律疏》时，明确提出的原则，即强调道德礼教是治国之根本，刑罚惩治是治国之辅助，二者相辅相成才能标本兼治，实现长治久安。

"德礼为政教之本，刑罚为政教之用"原则的推广，使唐王朝的礼、法结合达到了中国封建时代的高峰，礼律合流至此定型，一直延续至清末。从此，礼法交响的中国传统法律文化之曲唱响中华大地，向世界展示了它的独特魅力，惟其如此，唐律才被封建后世公认为"一准乎礼"的典范；与此同时，将维护儒家宗法伦理的尊卑等级道德规范作为法律文化的基石和根本，也为其种下了悲剧收尾的种子。

（二）宽严适中

这也是初唐统治者为唐代立法规定的基本指导原则。目睹农民战争威力的初唐统治者，特别是唐太宗李世民等，出于维护唐王朝长久统治的目的，"动静必思隋氏，以为殷鉴”。在他们看来，隋代的覆亡，不是出于没有法制，而是因为有法不依，使隋代法制变为具文。唐高祖李渊即位不久，在强调立法“务在宽简，取便于时”的同时，进一步提出“永垂宪则，贻范后昆”的主张。唐太宗在高祖李渊的基础上，不但强调立法“惟须简约”，而且指出“数变法者，实不益道理”的问题。

贯彻这一原则的唐《贞观律》，相继删除了沿袭《开皇律》而制定的唐《武德律》中一些苛刻的刑罚内容。如仅死刑就删除了九十二条，至于变重为轻者更见多数。

（三）稳定性和连续性相结合

初唐统治者认识到刑律宽简，虽有助于迅速稳定战乱之后的社会形势，但不树立它的权威性并保持相对的稳定性，即使是大法也难免流于形式。为此，唐太宗反复向臣下强调要保持法律的稳定性与连续性。李世民是封建统治阶级中具有远见的政治家，在律与令的关系上，在地主阶级整体意志与皇帝个人意志的抉择上，他采取了克制的态度。在肯定律的大法地位的同时，他对自己下颁的诏令作了一些约束。他说：“（自今）不可轻出诏令，必须审定，以为永式。”

上述立法思想曾深刻地影响到唐王朝的统治，除武则天执政与安史变乱时期外，具有权威性的唐律在相当长的一个时期内，一直保持着相对的稳定性与连续性，以至《新唐书·刑法志》说：至唐末，“高祖、太宗之法，仅守而存”。

（四）一断于法

这是贞观时期重要的立法思想。唐太宗深明“法之不行，自上犯之”的道理，他接受臣下的劝谏，下令申明嗣后“人有所犯，一一于法”。并称，自己与隋炀帝不同，隋炀帝不以官人违法为意，“惟虑有反叛者”；“朕则不然，但虑公等不尊法式，致有冤滞”。以此来规劝官吏遵纪守法，不要制造冤案。

在中国封建社会中，官吏奉法守制当然有利于法制的贯彻，但关键的问题却在于“位于九尊”的皇帝能否严于律己。贞观初，唐太宗着眼于重建封建秩序，贯彻了“尽忠益时者，虽仇必赏”的方针，对原有仇嫌、后能尽忠的魏征，实行破格重用；对“犯法怠慢者”则实行“虽亲必罚”的方针，即便皇叔李道宗犯赃也予以“免官，削封邑”之处罚。唐太宗对不法官吏“绳以重法”的思想，在唐律中得到明确的体现。《唐律疏议·职制篇》“诸监临主司受财枉法者条”规定：“（官吏）受财枉法者，一尺杖一百……十五匹绞。”

贞观初期，由于统治者认真贯彻实行法不避权贵、黜陟不分亲疏等项原则，使社会矛盾趋于缓和，以致出现史书记载的“天下帖然，人人自安”的状况。但是，到社会局势稳定的贞观后期，唐太宗就不再像以前那样听取群臣劝谏，而开始了“任情以轻重”，使趋于稳定的法律统治受到了一定影响。可见，“法不避亲贵”“一断于律”的原则，在封建制时代，是适应形势的需要而提出与贯彻的，它具有相当大的局限性，并且只能行用于一时，而不可能维持长久。

二、《唐律疏议》的制颁

中国封建法制发展到盛唐时期，进入了完备化与定型化的阶段。在唐代法律制度中，以《唐律疏议》为突出代表。综观唐律的刊修过程，大致可划分为四个阶段：

（一）武德袭隋

武德七年（公元 624 年），左仆射裴寂等承旨修成《武德律》，同年颁行天下。《武德律》因袭《开皇律》，只是有所损益而已。正如《旧唐书·刑法志》所述："惟正五十三条格，入于新律，""余无所改。"

（二）贞观定律

奠定唐代律文基础的，是贞观年间的《贞观律》。唐太宗贞观年间，召集深通儒学与律意的长孙无忌、房玄龄等大臣，对原有律文进行了全面修订。自贞观元年（公元 627 年）春正月到贞观十一年（公元 637 年）正月，前后耗时十一年之久，终于修订了著名的《贞观律》，并且诏颁天下。

《贞观律》总共十二篇，五百条。经过全面修订的《贞观律》，较之《武德律》，出现了某些重大的变化。

1. 创设加役流刑，作为减死之罚

贞观初，魏征等大臣以律令苛重为由，提议绞刑之属五十条，“免死罪”，更为“断其右趾”。唐太宗认为，以断右趾作为减死之罚仍然过重，徒增犯人苦楚，没有同意。其后，经过反复集议，最终创设了流三千里、居作三年的加役流制度，取代了断右趾等残酷的肉刑，成为封建后世固定不变的制度。

2. 缩小连坐范围

据《旧唐书·刑法志》载，旧律规定兄弟虽然分居，且“荫不相及”，但事涉谋反，“连坐俱死”。唐太宗以为过重，召集群臣议改，最后规定：“反逆者，祖孙与兄弟缘坐，皆配役；恶言犯法者，兄弟配流而已。”贞观年间，以配官为奴或者流配的形式取代了以往族刑连坐“兄弟俱死”之法，缩小了族刑连坐的死刑范围，反映了当时的封建刑法制度较之以往有了明显的进步。

3. 规定了类推的原则——举重以明轻，举轻以明重

为防止审判官吏任意比附出入人罪，《贞观律》中明确规定了类推所应遵循的原则：“诸断罪而无正条，其应出罪者，则举重以明轻；其应入罪者，则举轻以明重。”就是说，对于法律无明文规定的罪，如果要追究刑事责任或从重处罚，则需列举出法律中对于轻的条款，通过比照，重者自明；对于从轻处罚的罪，法律列举出重的条款，比照类推，则轻者自明。

除此之外，《贞观律》还严格规定了法官断案失误所应承担的刑事责任等。对于《贞观律》的变化，《旧唐书·刑

法志》评述说："自是比古死刑，殆除其半。""比隋代旧律，减流入徒者七十一条。""凡削烦去蠹，变重为轻者，不可胜记。"

可见，《贞观律》对沿袭《开皇律》的《武德律》做了大量的改革工作，从而使唐律步入成熟期。《贞观律》不仅具有完善的内容，而且构筑了唐律的基本模式，以至成为唐代世代相袭的定制，很少予以删改。

（三）永徽制疏

唐高宗即位后，在永徽元年（公元 650 年）就敕令太尉长孙无忌等编制律、令、格、式，次年九月，长孙无忌等编成《永徽律》，共十二篇，五百零二条，绝大部分是沿袭《贞观律》，因为在永徽君臣看来，贞观年间已经"条章备举，轨罔昭然"，毋庸大改。

永徽年间最大的贡献，是对律文本身做出详尽的注疏。永徽三年（公元 652 年），高宗因律文没有注疏造成适用法律困难的情况，就广召解律者进行唐律疏议工作。其后，长孙无忌、李勣、于志宁等承旨领导此项工作。他们继承汉晋以来，特别是晋代张斐、杜预的注释律文的已有成果，历时一年完成了《永徽律》的唐律疏议工作。永徽四年（公元 653 年），经高宗批准，将唐律疏议分附于律文之后，颁行天下，时称《永徽律疏》。因《贞观律》等都已佚失，所以，《永徽律疏》就成为我国历史上迄今保存下来的最完整最具有社会影响的封建法典。永徽年间将律文与唐律疏议有机地合为一体，提供了封建刑律的新形式，并为后世封建立法所继承。

《永徽律疏》的唐律疏议部分同律文本身一样，具有同样的法律效力。又由于唐律疏议对全篇律文作了权威性的统一的法律解释，所以，给司法实际工作带来了便利，以至当时的司法官定罪量刑都援引唐律疏议进行分析。

（四）开元刊修

唐玄宗开元年间，根据社会形势的变化对《永徽律疏》进行了修订。

开元年间对于《永徽律疏》的刊定十分慎重，即使片言只语的修改也加以说明，经过开元年间的刊定，唐律及其唐律疏议变得更加完善。其后，经唐末、五代、两宋，直至元朝，最终定名为《唐律疏议》。

知识链接

《唐六典》

《唐六典》是唐玄宗开元年间制颁的一部封建行政法典，是我国现存的一部最古老的行政法典，传至后世则称其为《大唐六典》。它反映了唐代行政立法的高度发展，是封建法典编纂沿革史上的重大变化。这部法典的修订始于开元十年（公元722

年），先后有陆坚、徐坚、张说、毋■（jiǒng）、孙季良、韦述、肃嵩、刘郑兰、肖晟、卢若虚、张九龄、陆善经、李林甫等大批精晓政制官规的官僚及学者参与编修，直至开元二十六年（公元738年），修订工作才告结束。

《唐六典》共三十卷，大致按照封建行政官僚体制编排，涉及内容广泛，其正文部分详尽记述了盛唐时期的职官建制与官规、政令的各个方面，其注文部分又介绍了上述各项的变化由来。

自《唐六典》开始形成了封建刑律与行政法典既相分立又相互为用的两大法典体系。

三、《唐律疏议》内容举要

《唐律疏议》的律文部分总计十二篇，五百零二条。第一篇《名例律》五十七条；第二篇《卫禁律》三十三条；第三篇《职制律》五十七条；第四篇《户婚律》四十六条；第五篇《厩库律》二十八条；第六篇《擅兴律》二十四条；第七篇《贼盗律》五十四条；第八篇《斗讼律》六十条；第九篇《诈伪律》二十六条；第十篇《杂律》六十二条；第十一篇《捕亡律》十八条；第十二篇《断狱律》三十四条。

《名例律》在《唐律疏议》中处于律文之首，起到了唐律的总则作用，具有很高的价值。另外，《职制律》是带有行政法性质的规范；《户婚律》则是带有民法性质的规范；

《擅兴律》是带有军法性质的规范；《杂律》的部分内容是带有经济法性质的规范；《捕亡律》与《断狱律》是带有程序法性质的规范。而相当于近代刑事法律分则的内容则散见于唐律中的《卫禁律》《厩库律》《贼盗律》《斗讼律》《诈伪律》等各篇。诸法合体、以刑为主的综合性法典是清末法制改革前古代法典的总体特征，《唐律疏议》也不例外，但在一千三百多年前，能够大体区别刑律总则与分则、实体法与程序法的不同内容，也难能可贵了。

（一）总则——《名例律》

自北齐律规定以《名例律》为首的原则以后，隋唐相继沿袭未改。但对《名例律》的总则性质作出确切说明的，却是《唐律疏议》。《唐律疏议》解释说："名者，五刑之罪名；例者，五刑之体例。""命诸篇之刑名，比诸篇之法例。""命名即刑应。""比例即事表，故以名例为首篇。"即是说《名例律》置于律文的篇首，是因为它具体规定了各篇通用的刑名以及刑法适用的共同原则，从而把《名例律》的总则含义作了清楚的表述。

《唐律疏议·名例律》总则的内容大致有以下几项：

1. 封建制五刑

（1）解析。封建制五刑，指封建律典中所规定的五种法定刑罚，包括笞、杖、徒、流、死，是由奴隶制五刑演化而来的相对较文明、人道的刑罚体系。

笞刑是五刑中最轻的一种，即用二股荆条拧成楚击打犯人的腿、臀部，以示对轻微犯罪的惩戒，有耻辱刑与教育刑结合使用之义。汉代笞刑用竹，唐代则用楚。按律文规定，笞刑分五等，从笞十到笞五十，刑差为十。

杖刑重于笞刑，是用三尺五寸长的竹杖击打犯人的背、腿、臀部。杖刑分为五等，从杖六十到杖一百，刑差为十。

徒刑比之杖刑又重，是自由刑与奴役刑的结合使用，即让犯人戴枷或束钳，剥夺其自由，强制服劳役。京城的徒刑犯，分男女送将作监或少府监；在地方，则送往官府服各类杂役。徒刑也分为五等，分别为徒一年、一年半、二年、二年半、三年。

流刑是仅次于死刑的惩罚手段，是指犯罪较重但又不至于处死刑，故将罪犯押送到边远地区，并强制其戴枷或束钳服苦役。流刑渊源很久，可以追溯到尧舜禹时代。唐代流刑分三等，即流二千里、二千五百里、三千里。

死刑是生命刑，唐代法定为绞、斩两种。同以往各代残酷的死刑相比，唐代的死刑较为轻缓。

(2) 简评。首先，在前代改革刑制的基础上，唐代将刑罚体系法定为笞、杖、徒、流、死五种。至此，封建五刑制度固定下来。

其次，封建制五刑不仅用于李唐王朝，而且影响于宋、元、明、清等各代。

最后，比起以残肢体为主的奴隶制，比起车裂、腰斩等残酷的死刑种类，唐代五刑制度相对较为轻缓。但在今天看来，唐代五刑依然以残酷的损伤身体的刑罚为主，是统治者实施其专职统治的暴力手段。

2. “十恶”

“十恶”渊源于北齐“重罪十条”，是指危及封建皇权和封建国家的十种重罪的总称，包括谋反、谋大逆、谋叛、恶逆、不道、大不敬、不孝、不睦、不义、内乱。犯此十罪者，皆罪大恶极，危及封建国家的统治秩序，因此法律规定严惩不贷。

(1) 分类解析。“十恶”大体可分为三类：

第一类：威胁损害皇权危及封建国家的政治性犯罪，包括“谋反”“谋大逆”“谋叛”及“大不敬”等。

《唐律疏议》说：“谋反”是“谋危社稷”即图谋推翻皇帝的统治；“谋大逆”是“谋毁宗庙、山陵及宫阙”，即图谋毁坏皇帝祖庙、皇陵和宫殿；“谋叛”是“背国从伪”，即背叛封建国家，投降伪政权；“大不敬”是指盗取皇帝服用物，盗取皇帝或伪造皇帝印玺，给皇帝配药不按本方，做饭犯食禁，指责皇帝，诽谤朝政，对皇帝使臣无礼等，即侵犯皇帝人身及其尊严的各类行为。

维护封建皇权与封建国家制度是封建君主专制的核心内容，上述四条直接危及封建政权的安危，所以，处罚也异常残酷。以对谋反及谋大逆罪的处罚为例，法律规定，谋反及谋大逆者，不分首犯从犯皆处斩刑；其父亲、十六岁以上的儿子一律处绞；其十五岁以下的儿子及母亲、女儿、妻子、妾、祖辈、孙辈、兄、弟、姊、妹，以及部曲（追随者）、家仆、资财、田宅，一律没官；伯叔父及兄弟之子，也流三千里。即使是仅仅有预谋的表现但无人跟从其起事的，也不分首从，一律处斩刑。由此可见，对于此类犯罪，处罚不可谓不重。

第二类：严重威胁封建秩序的犯罪，主要指“不道”。

“不道”是指使用凶暴手段致人以死，或畜养毒虫、使用邪术害人。“不道”罪严重扰乱封建秩序，损害专制制度的统治基础，所以，列作“十恶”第五条，严加打击。

第三类：破坏封建伦常关系的“恶逆”“不孝”“不睦”“不义”“内乱”等重罪。

“恶逆”指殴打、谋杀尊长亲属。

“不孝”指诅骂或告发直系尊亲，或供养有缺，或别立户籍私有钱物，或私自婚娶，父母去世，匿不举哀。

“不睦”指“谋杀及卖缌麻以上亲，殴吉夫及大功以上尊长、小功以上尊亲”。

“不义”指杀本属长官与受业老师。“内乱”则指亲属间的乱伦行为。

上述五条因严重违犯封建伦常关系，破坏封建社会统治基础，都被列为“十恶”的内容，从严处罚。从而反映出唐律礼、刑合一的明显特点。

（2）意义：由上可见，在唐代，无论是威胁损害皇权危及封建国家，还是严重破坏社会秩序、紊乱封建伦常关系的行为，都为统治者所不容。

“十恶”入律，充分体现了儒家宗法伦理入律、礼律合一，体现了封建法典维护以君权、父权为核心的封建等级秩序的本质。

3. 封建特权制度

随着封建专制制度的日益完善，封建特权制度也渐趋系统化。唐代沿袭此前封建特权入律的做法，在法典总则中对封建特权制度做了系统的规范，构建了一个“同罪异罚”的特权体系，后代相沿直至清末，以下择要介绍。

（1）“八议”。“八议”指法定的八类人犯罪，若是死罪，司法官应当奏请皇帝裁决；死罪以下自然减刑一等处罚。“八议”是同罪异罚的典型代表，是封建统治阶层司法特权的集中表现。

“八议”的使用范围包括：“议亲”，即皇帝的亲戚；“议故”，指皇帝的故旧；“议贤”，即品行达到封建道德最高水准的人；“议能”，即有大才干的人；“议功”，即功勋卓著者；“议贵”，即封建大贵族大官僚；“议勤”，即勤于为封建国家服务的人；“议宾”，即前朝皇室后代被尊为国宾者。

按照唐律规定，上述八类人犯罪，若是死罪，官吏必先奏明皇帝，并“议其所犯”，交皇帝裁处。按照通例，一般死罪可以降为流罪，流罪以下自然减刑一等。但犯有“十恶”罪的，不在“八议”之列。

（2）“请”。“请”的规格低于“议”，它主要适用于“皇太子妃大功以上亲”“应议者期以上亲及孙”“官爵五品以上，犯死罪者”。

上述范围内的人犯罪，官吏有权条陈其罪及应请的情状，如是死罪，则依律确定应斩或绞，奏明皇帝听候发落；流刑以下，自然减刑一等。

“请”的限制条款比“议”多，除犯“十恶”外，“反逆缘坐、杀人、监守内奸、盗、略人，受财枉法者”，不适用“请条”。

除此之外，唐律还规定了官当、免官、除名等等封建特权制度。唐代统治者通过“议”“请”“减”“赎”“官当”“免官”等方式，将贵族官僚的特权法制化，用以维护封建官僚体制，巩固专制统治的基础。清人薛允升说：“（唐律）优礼臣下，可谓无微不至矣。”唐代贵族官僚的特权规定，较前更加广泛、系统，从而反映了唐律的特权法性质。

4. 刑法适用的主要原则

唐代统治者总结以往经验，进一步完善了刑法适用的原则。

（1）老、少、废、疾犯罪减免处罚的原则。唐律规定凡年七十岁以上、十五岁以下及废疾，犯流罪以下收赎；年八十岁以上，十岁以下及笃疾，犯反、逆、杀人应死者，上请；年九十岁以上，七岁以下虽有死罪，不加刑。

唐代统治者认为，老、少、废疾等犯罪，是因为“皆少智力”的缘故。因为他们“不堪受刑”，所以采取从轻处罚的原则。对于教唆上述人犯罪者，则采取处罚教唆者的原则。但要求所有赃物必须偿还，以维护封建国家与私有财产的不可侵犯。

唐律的上述规定又涉及犯罪的责任年龄问题。少年犯最低年龄为六岁，最高为十五岁，因为他们未达成年，唐律处理相对从轻。老年犯以七十、八十、九十岁为限，因其年迈昏聩，唐律采取了减免处罚的原则。

（2）累科（“累犯”）加重。唐律中没有累犯的确切概念，但出现了与之相似的“累科”。

《唐律疏议·名例律》规定：“诸犯罪已发及已配而更为罪者，各重其事。”并说：“已发者，谓已被告言；及已配者，谓犯徒已配，而更为笞罪以上者，各重其后犯之事而累科之。”

唐律的累科以犯罪被告发和判处徒刑已发配者，作为要件。这同现今的刑法关于累犯的概念有所不同。唐代对累科采取“各重其后犯之事”的处罚原则。正如《唐律疏议》举例所说，已断定徒役三年而未到配所，再犯流罪，处流二千里，决杖一百，加上流罪应役的一年，总共劳役四年。

封建统治者一向把累科视为威胁社会的严重犯罪，所以，采取加重处罚的原则。唐代对累科的处罚，既注重后犯之罪，又兼顾前犯之罪，从而反映了中国古代累犯加重原则的固有特点。

（3）自首。唐律完善了自首的规定。首先，严格区分自首与自新的界限。唐代以犯罪未被举发而能到官府交待罪行的，叫做自首。对于自首者，唐律采取“原其罪”的原则，即免于追究刑事责任。但犯罪被揭发，或被官府查知逃亡后，再投案者，唐代称做自新。自新是被迫的，与自首性质不同。唐代对自新采取减轻刑事处罚的原则。其次，唐律规定不是所有犯罪都可以享受自首的待遇。对侵害人身，毁坏贵重物品，偷渡关卡，私习天文等犯罪，即便投案也不能按自首处理。因为这些犯罪的后果已不能挽回。第三，唐律规定自首者虽然可以免罪，但赃物必须按法律规定如数偿还，以防止自首者非法获财。第四，对自首不彻底行为作了严格规定。唐代对犯罪分子交待犯罪性质不彻底的，叫“自首不实”；对犯罪情节不作彻底交待的，叫“自首不尽”。《名例律》规定，凡“自首不实及自首不尽者”，各依“不实不尽之罪罪之。至死者，听减一等”。至于如实交待的部分，不再追究。

此外，唐代还规定，轻罪已发，能首重罪，免其重罪；审问它罪而能自首余罪的，免其余罪。唐代全面系统地发展了封建刑法的自首原则，这些内容不仅影响到封建后世，至今也不乏借鉴价值。

(4) 共犯。唐律规定：“诸共犯罪者，以造意为首，随从者减一等。若家人共犯，止坐尊长；侵损于人者，以凡人首从论。即其监临主守为犯，虽造意，仍以监主为首，凡人以常从论。”

唐代的共犯，强调的是二人以上共同犯罪，有别于现今刑法的“二人以上共同故意犯罪”的概念。

唐代共犯理论的中心环节，是在于区别主犯与从犯的关系。在一般情况下，“倡首先言”的“造意者”，要作为共犯罪的“首犯”处理，反映了封建刑法注重惩办犯意及扼杀犯罪于谋划阶段的特点。

在家人共犯的情况下，因强调家长负有制止家人犯罪的义务，如不履行，就作为主犯加以制裁，从而反映了家族主义对封建刑法的影响。唐代把“家人共犯”的原则推广到社会，认为官长即是父母，负有制止属下犯罪的义务，如不履行，即以主犯加以惩罚。可见，唐代共犯原则体现了维护封建君主专制主义的要求，浸透了儒学礼教及宗法观念。

(5)“数罪并罚”。唐代把犯有两个以上罪同时被告发被审理的，叫做“二罪以上俱发”，并采取“以重者论”的处理原则。

具体讲，同时犯了两个以上罪，以重罪作为处刑的标准；

如果相等，取一罪处理；如果一罪已经论决，余罪后发，又与已判罪相等，不再追究；如果余罪重于已判的罪，则以前后罪的刑差作为定罪的标准，即所谓“通计前罪，以充后数”。

唐代“数罪并罚”的理论较前轻缓，反映了初唐统治者“恤刑慎罚”的思想，以及谋求王朝长久统治的愿望。

（6）类推。《名例律》规定：“诸断罪而无正条，其应出罪者，则举重以明轻；其应入罪者，则举轻以明重。”即说，类推首先是律文没有明确规定的，且必须是同类案件；对于应当从轻处理的罪，法律列举重款，轻者通过类推可以自明；对于应当从重处理的罪，法律列举轻款，重者通过类推可以自明。

《唐律疏议》举律文说，谋杀尊亲处斩，但无已伤已杀重罪的条文，在处理已杀已伤尊亲的案件时，通过类推就可以知道应处以斩刑了。还举例说，夜半闯入人家，主人出于防卫，杀死闯入者，不论罪。律文没有致伤的条文，但比照规定，杀死都不论罪，致伤更不能论罪了。唐代类推原则的完善反映了当时立法技术的发达。

（7）“化外人”犯罪。《名例律》规定：“诸化外人，同类自相犯者，各依本俗法；异类相犯者，以法律论。”

所谓“化外人”，指“蕃夷之国”的人，即外国人。按照唐律规定，同属一国的侨民之间的犯罪，由唐代按其本国的法律处断；不同国籍的侨民犯罪，由唐代按照唐律处理。

这种将刑法的属人主义与属地主义的巧妙结合，在当时世界各国还是罕见的。这不仅维护了国家主权，同时也比较妥善地解决了外国侨民的犯罪问题。

（二）分则简介

从第二篇《卫禁律》到第十二篇《断狱律》是《唐律疏议》的分则部分。作为综合性的法典，《唐律疏议》的分则既包含刑事法律规范又包含民事法律规范、行政法律规范、经济法律规范等；既包含实体法律规范，又包含程序法律规范，充分体现了封建法典诸法合体、以刑为主的特色。以下就分别篇目对其予以简要介绍：

第二篇《卫禁律》，卫即“警卫之法”，禁即“关禁”。本篇主要是关于警卫皇帝、宫、殿、太庙、陵墓，保卫州、镇、城、戍、关、津要塞和边防的法律规范，以保护皇帝人身安全、国家主权与边境安全。

法典原文链接

66　登高临宫中

诸登高临宫中者，徒一年；殿中，加二等。

【疏】议曰：宫殿之所，皆不得登高临视。若视宫中，徒一年；视殿中，徒二年。

简析：此条严禁窥视宫殿，否则依律予以处罚。宫殿是皇帝的所在，窥视宫殿可能是觊觎皇权，因此封建统治者要予以严惩。

第三篇《职制律》，主要是关于官吏的设置、选任、职守以及惩治贪官枉法等的法律规范。

• 法典原文链接

93 刺史县令私出界

诸刺史、县令、折冲、果毅，私自出界者，杖一百。（经宿乃坐。）

【疏】议曰：州、县有境界，折冲府有地团。不因公事，私自出境界者，杖一百。……

简析：上述条文中"折冲""果毅"都是隋唐时武官的名称。此条规定官吏不得私自离开任职区域，否则予以处罚。封建统治者限制官吏私自离界，一则督促官吏忠于职守，再则防止官吏私下结交，损及政权。

第四篇《户婚律》，主要是关于户籍、土地、赋役、婚姻、家庭等的法律规范，以保证国家赋役来源、维护封建婚姻家庭关系。

• 法典原文链接

155　子孙不得别籍

诸祖父母、父母在，而子孙别籍、异财者，徒三年……

简析：礼律合流，礼的内容已经渗透到了律典之中。祖父母、父母在世而己身却另立门户、分割财产的，当属不孝了，律典此行为规定了“徒三年”的重罚，不能不令当代人咋舌了。

158　立嫡违法

诸立嫡违法者，徒一年。即嫡妻年五十以上无子者，得立庶以长，不以长者亦如之。

简析：封建的宗祖继承制度仍遵循嫡长子继承的原则，此条规定违者“徒一年”。如果正妻年五十以上仍无子，此时可立庶出的长子，不同时符合这两个条件者，也要处以“徒一年”的刑罚。封建统治者严格嫡庶秩序，其意仍在维护尊卑分明的封建等级秩序。

178　从妻为妾

诸以妻为妾，以婢为妻者，徒二年。以妾及客女为妻，以婢为妾者，徒一年半。各还正之。

简析：在一夫一妻多妾制下，妻为按照婚姻六礼程序明媒正娶的正室，妾则或是陪嫁来的或是买来的，二者位次泾渭分明。如果妻妾失序小则乱家、大则乱国，因此封建的男权社会在彰显男权地位的同时，要求严格妻妾地位，不可紊乱。此条规定如违此禁，将予以严惩，并且要恢复妻妾原位。

182　同姓为婚

诸同姓为婚者，各徒二年。缌麻以上，以奸论。

简析："同姓不婚"是自商周起就定制的婚姻成立要件，唐律对违此原则者，处以"徒二年"。同姓且是缌麻以上亲者，彼此血缘关系更为亲近，以"奸"罪论处，要处以"徒三年"，显然是加重处罚之意。

第五篇《厩库律》，主要是关于饲养牲畜、库藏管理的法律规范，以保护官有资财不受侵犯。

第六篇《擅兴律》，主要是关于兵士征集、军队调动、将帅职守、军需供应、擅自兴建和征发徭役等的法律规范，以确保军权掌握在皇帝手中，并控制劳役征发、缓和社会矛盾。

第七篇《贼盗律》，贼主要指谋反、谋大逆、谋叛、恶逆、不道等属于"十恶"范围的犯罪和恶性杀人、害人罪；盗，包括强盗、窃盗、监守自盗等非法占有公私财物的犯罪。本篇主要规定严刑镇压谋反、谋大逆、谋叛等罪，打击各类盗罪，是唐律十分重要的内容。

• 法典原文链接

250　口陈欲反之言

诸口陈欲反之言，心无真实之计，而无状可寻者，流二千里。

简析：唐代加大对危及国家政权的反逆等罪的处罚，以维护封建政权的稳定。此条对仅有“欲反之言”而无任何反逆行动者处以流二千里，是要消灭一切犯罪行为于萌芽之中，一方面可见得封建专制统治的残暴，另一方面却也反映出封建统治者利用法律来稳固政权的经验的增长。

第八篇《斗讼律》，包括斗殴和诉讼两个方面，是关于惩治斗殴、杀伤、越诉、诬告、教唆词讼、投匿名书告人罪等的法律规范。

第九篇《诈伪律》，主要是关于惩治欺诈、伪造等犯罪行为的法律规范，旨在维护封建社会秩序。

第十篇《杂律》，凡不属于分则中其他篇的内容都在此规定，在唐律中起拾遗补缺的作用，故范围甚广。

第十一篇《捕亡律》，主要是关于追捕逃犯、逃丁、逃兵、逃亡奴婢的法律规范。

• 法典原文链接

456　邻里被强盗

诸邻里被强盗及杀人，告而不救助者，杖一百；闻而不救助者，减一等；力势不能赴救者，速告随近官司，若不告者，亦以不救助论。其官司不即救助者，徒一年……

简析：本条规定：发生强盗案或人命案时，邻里乡亲被告知后应当予以积极救助，否则将被处以杖刑一百；虽没被告知但听到了却不救助，处以杖刑九十；能力确实有限不能施救者，应急速报官，否则按不救助处罚。官府得知后不立即施救者，责任人要处徒一年的刑罚。

第十二篇《断狱律》，主要是关于审讯、判决、执行和监狱管理的法律规范。

• 法典原文链接

476 讯囚察辞理

诸应讯囚者，必先以情，审察辞理，反覆参验；犹未能决，事须讯问者，立案同判，然后拷讯。违者，杖六十。

477 考囚不得过三度

诸拷囚不得过三度，数总不得过二百，杖罪以下不得过所犯之数。拷满不承，取保放之。

简析：上述两个条文是关于刑讯的法律规定。第 476 条规定了反复审察参验后罪犯仍不认罪时才可实施拷讯；第 477 条则规定了刑讯的次数和总数的要求，并要求按照法定程序拷讯后仍不认罪的应当取保候审。刑讯制度源远流长，以其残酷、毫无人权保障等特性而为当今社会所不齿，我们在批评这一制度时，也应当观察到历朝历代对刑讯制度也作了严格的限制，这是历史的进步所在；同时，当代社会刑讯逼供现象仍时有发生，冤案错案时有再现，我们应当反躬自省，设置更健全的审讯机制以杜绝此类现象的发生。

《唐律疏议》评析

《唐律疏议》是全部唐代律令的核心与标志，也是中华法的代表作。《唐律疏议》以其礼律合流的道德性、用刑持平的中庸特色、全面规范却不失简约等特色得到其后各朝代的青睐并得以流传至今，对中国传统法律文化的发展作出了重大的贡献；同时，以《唐律疏议》为标志的唐代律令的影响及于中国周边地区，堪称世界封建法典的代表性巨作，是世界法律史上的一朵奇葩。

一、主要特点

（一）礼律合流，一准乎礼

唐律实行“一准乎礼”的方针，体现了封建伦理的基本精神，即完全以儒家礼教纲常作为立法的指导思想和定罪量刑的理论依据。纲常礼教与封建法律的结合，自汉代开始以来，历经数百年的演化渗透和融合过程，至唐代臻于完善，

使唐律成为封建纲常法典化的典型代表，从而实现了“礼”与“法”的合一，法律规范与道德规范的统一。唐律的“一准乎礼”，是中华法系与其他法系相区别的主要特点，其具体表现为：

1. 以礼为立法根据

《唐律疏议》以礼作为指导思想，“德礼为政教之本，刑罚为政教之用”，即礼是本、是纲，而刑不过是礼的辅助。因此，礼的核心——三纲五常便成为唐律的立法根据。

2. 以礼作为定罪量刑的标准

凡是违背礼义规定的，都要严加惩处。如《唐律·名例律》规定：“祖父母、父母在，别籍异财者，”列为“十恶”的“不孝”重罪，加以严惩，用以维护尊长亲属对于子孙及其财产的支配权。

3. 以礼注释律典

唐律的唐律疏议部分往往直接引证于礼。粗略统计，唐律直接引证“三礼”（指《周礼》《仪礼》《礼记》三部儒家经典）注律者达五十余处，引其他儒家经典更超过此数。

综上所述，礼是唐律的立法灵魂，礼的精神完全溶化在唐律之中；唐律是礼的法律表现，其内容处处可见礼的精神。道德与法律由内容到形式完全合二为一，使法律成为推行礼教的工具，以巩固封建的宗法等级制度，谋求封建统治的长治久安。同时，也使延续数百年的“引经决狱”之风，因失

去存在的必要而基本终结，从法律发展史来说，这是历史的一个进步。

（二）维护三纲，维护封建等级制度

唐律的最根本任务是维护封建皇权制度与等级特权制度，这也是贯彻于唐律各条的基本精神。

1. 维护君权、保护特权

唐律强行贯彻封建专制主义的文化方针，强调“君为臣纲”，使之居于三纲之首。因而，企图推翻皇帝统治，毁坏皇室宗庙陵墓宫殿，背叛皇帝家天下的“谋反”“谋大逆”“谋叛”被列于篇端，作为“十恶”之首，予以最严厉的打击。进而凡是触犯皇帝的行为，一律视为无人臣之礼，列入“十恶”之一的“大不敬”。处罚有碍于皇帝生命安全、尊严及权力行使的规定遍布唐律各篇，专涉侵犯皇帝而处死刑的条文就不下二十条，以此体现特别“尊君”之意。臣是君的统治基础，根据礼治“刑不上大夫”的要求，唐律在“尊君”的同时，赋予官吏在法律上有议、请、减、赎、当的特权，优待官吏无微不至。但上述特权，被严格限定在“君为臣纲”的范畴之内，必须与尊君相一致。官吏倘若犯有“十恶”大罪，则一概予以严惩，君主所赐予的特权也就丧失。

2. 维护父权

封建社会基本组成单位的家长是君主在家庭中的代表，

家国相通，孝忠相维。为更有效地忠君，唐律在西周礼的亲亲原则和汉儒纲常之义的基础上，依据“父为子纲”及“孝以事亲”的伦常道德，将“供养有缺”“冒哀求仕”“丧期作乐”等不合于礼之行为，皆以事关伦常而入于“十恶”之不孝罪。同时将违背“亲亲”的“恶逆”“不睦”“不义”“内乱”也置于“十恶”之列，给予严惩。

3. 维护夫权

根据“夫为妻纲”的原则，唐律确认“七出”和“义绝”为离婚条件，规定夫妻相殴，妻殴夫量刑重于夫殴妻等，使夫有离婚主动权和高于妻的法律地位，以维护夫权。唐律的一系列重要原则和制度都能从中找到渊源。

4. 确立全面的尊卑关系

在君主专制的唐代，君臣不平等，君尊臣卑，臣置于君的绝对支配之下，在封建大家族与大家庭中，父子不平等，父尊子卑，子置于父的绝对支配之下。在夫妻之间是严重不平等的，夫尊妻卑，妻置于夫的绝对支配之下。同样，官民之间，官尊民卑，民置于官的支配之下。良贱之间良尊卑贱，贱民置于良民的支配之下。

（三）维护封建家族伦理

唐代非常重视维护封建家族在巩固国家统治方面所起的重要作用。

1. 亲属相隐

唐律允许亲属对本家犯罪者实行“亲亲相隐”的原则，并不追究隐瞒者的刑事责任。只有当本家犯有谋反、谋逆、谋叛等严重政治性犯罪时才不允许隐而不报。其目的在于维护封建家庭与家族的稳定性，不因为一般性犯罪而影响家长与族长对家庭、家族的统治。为此，不惜采用屈法伸礼的手段维护家族伦理。

2. 服制定罪

首先，亲属关系越近，刑法上的效果越重。荫亲优免时，官品低者只荫及祖父母、父母、妻、子孙，官品越高荫及面越广，可以荫及大功、小功以至缌麻亲。连坐时，凡连坐及于妻子，较重者及于父母，越重株连面越广。

其次，亲属相犯，同罪异罚。刑法适用方面，尊长犯卑幼，服制愈近处罚愈轻；卑幼犯尊长，服制愈近处罚愈重。而涉及民事方面，如买卖、转让有犯，则服制愈近处罚愈轻；服制愈远，处罚愈重。即同一行为依服制不同而适用不同的处罚。其基本用意在于维护家长族长等尊亲属的至上地位与相应的伦理观念。

（四）中典治国，用刑持平

与历代刑律相比，《唐律疏议》表现出中典治国、用刑持平的特点。

1. 从刑罚体系看

《唐律疏议》采用笞、杖、徒、流、死的封建制五刑。

笞、杖均为独立刑种，且行刑规范；徒、流均有最高刑期，不得无期服役；死刑只用绞、斩，既无秦汉立法中的具五刑、腰斩，也无明清法律中的凌迟等酷刑。因此，刑制较为适中。

2. 从死刑数目看

《唐律疏议》比前期后代均有所减省。死刑条文有一百一十一条，比隋律减少了九十二条，比东汉时的汉律减少了五百条，即便是明清律也不如唐律简要。唐律规定的死刑条款不仅相对减少，而且执行时也比较审慎，如规定死刑必须三复奏甚至五复奏等。

3. 从量刑幅度看

唐律比秦、汉、明、清各律相对为轻。以谋反罪为例，对于本犯，秦汉或具五刑或腰斩，明清为凌迟，而唐律则为处斩；对缘坐家属，秦律夷三族，汉律不分老少皆弃市，明、清律是不论老疾，成年男子一概处斩，唐律处绞刑仅及其父和十六岁以上之子，其他则免死从流。

此外，唐律还有疑罪从轻的明文规定，较前后各代用刑更为客观、慎重。因此，唐律在封建法典中被认为是“得古今之平”，刑罚适中、罪刑相当的典型。

（五）规范详备、科条简约

唐律规范详备，涉及社会政治、经济、军事、外交、婚姻、家庭等领域，确立并完善了封建法律中一系列重要原则和制度，它所规定的四百余种罪名，大至谋反大逆、杀人劫掠，小至家庭骂詈、夫妻斗殴，凡是有害于封建社会秩序的言行，无不网罗其中；各种社会关系、生活细节的调整，无不周详严密。

唐律科条简约，仅十二篇，并附以注疏，其律文和疏注所表现出的高度概括力和文法的严密性，不仅与前期的秦律和多达数百万的汉律有天壤之别，即便是明清律例也望尘莫及。

唐律以其简约的律条，全面调整着社会生活的各个方面，表明唐代封建立法技术的成熟与发达。

尽管唐律达到了封建立法的最高水平，但毕竟是一部封建时代的大法，因此必然具有封建法典本质性的共性，即维护君主专制体制，维护等级制度，维护封建经济基础。法典形式也是诸法合体，以刑为主。

二、历史地位

中华法系与印度法系、伊斯兰法系等并称为世界五大法系，它起源于上古解体于清，是以《唐律疏议》为代表、以周边封建国家法律为外延的区域性的法律系统。中华法系与其他法系既有共通之处，又有自身固有的特点，它以自己独特的风采影响着亚洲与其有交往的各地，在世界法制史上占有重要的地位。《唐律疏议》的完备，标志着中华法系走向成熟。

（一）在中国法制史上，居于承前启后的重要地位

无论是立法思想、原则、篇章体例，还是法律内容（五刑、十恶、八议、刑法适用原则等），都承袭了以往各代立法的成果，是前朝立法之集大成者，同时又有所发展和创新，使唐律融封建法典之共性与自身发展完善之特性于一体，以“一准乎礼，而得古今之平”著称于世，成为完备的封建法律形态。

唐律不仅对唐代政治经济起到巨大的促进作用，而且直接影响了后代中国封建法制的发展，成为后世封建立法的典范。

元代人在《唐律疏议序》中说：“乘之（指唐律）则过，除之即不及，过与不及，其失均矣。”即对唐律的修改，随意增删不是过分就是不及，都将影响其完整性、严密性。唐律正是以其严谨的结构，简明的文字，精确的注疏，完备的内容，而被后世各朝奉为修法立制的楷模，沿用不废。

（二）对周边地区封建法制具有重大影响

唐代作为强大的封建帝国，曾是亚洲政治、经济、文化中心。其先进的文化（包括法律），被来往于长安的外国商人、僧侣、留学生传播到四方，使唐律对古代东南亚等国也产生了重大影响，成为东南亚各国封建立法的渊源。

（三）是世界封建法典的代表作

唐律对国内外封建立法的广泛影响，不仅表明其特有的典型价值，而且证明它是世界封建社会中最辉煌的一部法律。如果说罗马法是奴隶制法典的典型，法国民法典是资本主义法典的典型，那么，唐律无疑是封建法典的典型，是具有世界意义的成文法典。

司法制度集萃

随着封建制度的日趋成熟和完善，唐代的司法制度也更加完备。

一、司法机构

（一）中央司法机构

唐代沿袭隋制，皇帝以下设置大理寺、刑部、御史台三大司法机构，共同行使中央司法机关的各项职能。

1. 大理寺与刑部

唐代大理寺是中央最高审判机关，负责审理中央百官及京师徒刑以上的案件。但是，徒、流刑案件的判决，须移交刑部复核。死刑案件的判决，除刑部等中央机关的复议之外，必须奏请皇帝批准，才能执行。对于刑部转送的各地疑难案件以及刑部复核的死刑案件，大理寺拥有重审的权力。

刑部以尚书、侍郎为正、副长官，以下也有一套完整的办事机构。刑部不但是中央司法行政的最高机构，同时兼管狱囚簿录、给养供应等，并有权“复按大理及天下奏献”的案件。即对大理寺审判的案件进行复核，受理各地在押犯的申诉案件。

2. 御史台

御史台以御史大夫及御史中丞为正、副长官；其下也有一套完整的办事机构。作为中央司法监察机构的御史台，有权监督大理寺的审判以及刑部的审判复核。同时也参与全国重大疑难案件的审判工作，并有权受理有关行政方面的诉讼。

3. 三司推事

唐代，中央或地方如发生特别重大的案件，往往由大理寺卿、刑部侍郎、御史中丞在京组成中央临时最高法庭，加以审理，时称“三司使鞫审”，亦叫“三司推事”制。

唐代三大司法机构既有所分工，又彼此监督制约，有效地加强了封建司法统治，以及皇帝对中央司法权的控制。

（二）地方司法机构

唐代地方设州县两级政权机构，实行行政与司法合一的制度。州县长官既是地方行政首脑，又是当地司法长官，掌握审判的批准权与上报权。州以刺史为正职，下设司法参军为司法辅佐。县以县令为正职，以法佐、史等为司法辅佐，具体处理司法工作。

唐代基层分设乡正、里正与村正，负责地方治安，并有权处理轻微的刑事案件与调解田土、婚姻等民事案件。

二、诉讼制度

唐代的司法工作，特别是诉讼审判工作，无论在原则上，还是在具体执行上，都较前更加完善。其主要表现在以下几个方面：

（一）逐级告诉

唐代严格了告诉的各项程序，规定告诉必须自下而上，由县至州，再由州至中央逐级告诉。对于越级告诉，以及官府受理者，规定了“各笞四十”的处罚。

为防止告诉产生损害封建伦常关系的反作用，唐律对卑亲属控告尊亲属，奴婢、部曲控告主人的，作了严格限制。除有确凿证据可告发“谋反”“谋逆”“谋叛”等罪外，严禁卑幼告尊长亲属，严禁部曲、奴婢告主。有违犯者，一律处以绞刑。

（二）严格逮捕程序

唐律在逮捕人犯上，既要求严惩犯人的拒捕行为，又限制缉捕人员的非法擅杀。

逮捕人员不按法定程序实行拘捕，或者侵夺皇帝与封建国家的生杀大权，就要受到严厉惩罚。

• 法典原文链接

452　罪人拒捕

诸捕罪人而罪人持仗拒捍，其捕者格杀之，及走逐而杀，若迫窘而自杀者，皆勿论。

即空手拒捍而杀者，徒二年。已就拘执及不拒捍，而杀或折伤之，各以斗杀伤论；用刃者，从故杀伤法。

简析：该条第一款规定犯人持杖拒捕、逃跑等，可以格杀勿论。第二款规定如果犯人空手“拒捍”，而随意杀掉的，判处二年徒刑；犯人已经被拘捕或者没有反抗行为，却仍旧杀死或伤及人犯，则以斗杀伤论处；用刀刃的，以故杀伤论处。从该条可以看到唐律对追捕行为的严格规范，也可看到对律文的详尽解说，唐代立法技术的提高由此可见一斑。

（三）完善审判制度

1. 五听

唐代承袭了以往的审判传统，仍将“五听”作为审判的主要形式。

2. 有条件的刑讯逼供

《断狱律》说：“以情审察辞理，反复参验，犹未能决”时，要“立案同判”，然后才能拷讯。即说参与审判的各官，须办理刑讯的手续之后，才能拷问案犯。唐律规定，刑讯必须用常行杖，拷囚不得超过三度，总数不得过二百，中间不得换人行刑。凡“拷问不考”者，“取保放之”。但对享有“议”“请”“减”等特权人物及老、少、废疾者，禁止使用刑讯，从而使封建时代的刑讯逼供法制化。

3. 众证定罪

《断狱律》说：“三人以上，明证其事始合定罪。”但同时又规定：“若赃状露验，理不可疑，虽不承引，即据状断之。”这种据证定罪的原则，较之以往是一个明显的进步。

此外，唐代进一步明确了证人的责任能力与证据效力之间的关系。因为统治者认为老少及废疾者，“皆少智力”，所以规定官吏“皆不得令其为证”，违者治罪。“过限，违一日杖一百，二日加一等”。

（四）判决的执行

唐代在死刑的执行上继承了周、汉以来秋冬行刑的制度，规定在所谓“天有肃杀之气”的秋分时节，执行死刑，执法官吏违犯者判处一年徒刑。怀孕妇女犯死罪，法律规定产后百日才能执行死刑，执法官吏违犯者，判处一至二年徒刑。但犯“谋反”等重罪及部曲、奴婢杀主的，不拘此令，实行立斩。

在徒、流刑的执行上，则强调及时将案犯递解至配所，强制其服苦役。如稽留不送者，延误一日笞三十，三日加一等。

三、监察制度

唐代监察制度是根据社会的政治经济状况，在继承前代经验的基础上，形成了组织完备、职责明确的御史台制度和谏官制度。

（一）御史台制度

唐代御史台是独立于权力机关、行政机关之外，对中央和地方百官进行监察的专门机关。其以御史大夫和御史中丞为正、副长官，下设三院。台院，设侍御史六人，负责对中央百官的违法行为进行纠举、弹劾、推鞫；殿院，设殿中侍御史六人，主要监察殿廷之内百官的活动，以维护朝廷礼仪秩序；察院，设监察御史十五人，职掌分察百僚，巡按州县。台院、殿院、察院除设御史掌监察外，还设有众多属吏处理院务及其他事务。

概括而言，唐代御史的主要职责如下：

（1）推按狱讼。包括推问皇帝下达的案件即诏狱，审理普通百姓的案件，参与三司推事等。

（2）劾奏犯罪。即对违法犯罪的官员进行纠举，弹劾其罪行，请求司法机关审判。

（3）巡察内外。一是分察吏、户、礼、兵、刑、工六部，监督其行政行为，使之合法而有效率；二是巡察州县，遇有非法行为，便予以纠查。

（4）监督决囚。

（5）监察录囚。

（二）谏官制度

唐代谏官隶属于中央政府的中书、门下两省，成为正式的司谏职官。其名号很多，主要有：左右散骑常侍，左右谏议大夫、左右补阙、拾遗、起居郎、起居舍人、给事中。

唐代谏官的职掌主要有以下几方面：

（1）谏议。以皇帝为对象，皇帝的个人生活直至王国大政都在谏议之列。如谏止皇帝奢侈、非法滥罚、穷兵黩武及谏议时政得失等等。

（2）封驳。即还封皇帝失宜的诏命，驳正臣下有违误的奏章。

（3）知起居事，即通过掌记天子言行，与宰臣入阁记事，掌记政事，对皇帝及左右近臣进行监督。

（4）知匦事。武则天时期于朝堂设置匦（guǐ，箱子）四枚，接受臣民有关劝农、谏论时政、自陈冤屈、治国谋略方面的投书。补阙、拾遗与御史等人充任理匦使在朝堂知掌匦事，受纳诉状，每日所有投书，晚上一并奏报皇帝。

综上所述，御史代表皇帝，临制百司，是皇帝自上而下监督、统治百官的一种工具；谏官的监察则是自下而上，以皇帝为监察对象。这样就形成以上察下，以下督上的双向监察制。这种制度完备而富有活力；一方面监督了百官的违法行为，促使吏治清明；另一方面也限制了皇帝的极端专制。它对维护唐代君主专制体制发挥了重要作用。

四、监狱管理

唐代监狱制度，无论在监狱设置，还是在监狱管理上，较之以往都更趋完善。

（一）监狱组织体系

在中央，设置了大理寺狱，专门羁押中央机关的犯罪官吏与皇帝诏令逮捕的人犯。在京师，则设置京兆狱与河南狱，关押京畿地区的犯罪分子。因中央百官犯罪常系于京兆府狱，所以京都监狱又具有中央与地方监狱的双重性质。

此外，“凡州县皆有狱”，以羁押当地罪犯。各监狱都设有掌狱之官。

（二）监狱管理规定

1. 监禁规定

在监禁上，实行贵贱有别、男女异狱，并按罪行轻重程度，分别禁系。此外，对犯罪入狱的官吏实行差别待遇，可以每月沐浴一次，生了病要积极医治，甚至家人可以入狱服侍。

2. 掌狱官吏的责任

《断狱律》严格规定了掌狱官吏的责任，违者要严处，直至极刑。如“减窃囚食，笞五十，以故致死者，绞”。另外，狱官由于管理不善，以致犯人自杀或杀人者，要受到徒二年的处罚。

（三）录囚制度

唐代为加强狱政监督，进一步完善了录囚（又称虑囚）制度。自唐高祖武德元年（公元618年）“亲录囚徒”始，历代相袭，变为常制。贞观年间，太宗李世民“每视朝，亲录囚徒”，以致数额多达二三百人。

凡经录囚之后，犯人有罪多得减轻处罚。唐太宗曾明令规定“诸狱之长官五日一虑囚”，从而使录囚制度化、经常化。唐代皇帝以下，中央还有大理寺五日一虑囚、监察御史巡行州县审录囚徒的制度。

案例与典故拾零

一、隋朝

（一）王子犯法与庶民同罪——隋文帝处罚儿子

1、案情简介

杨俊是隋文帝的第三个儿子，封为秦王，任命为并州总管。他在任上大兴土木，建造的王府竭尽奢华，超过了法令规定的规格，又放债取息，盘剥百姓。隋文帝得知后，罢了他的官，召还京师居住。大臣们都认为秦王的罪名不过是违反制度，不必如此严厉。隋文帝却说：法不可违。我是五个儿子的皇帝还是天下百姓的皇帝？照你们的说法，为什么不另外制定皇帝儿子遵守的法律？周公那样伟大的人物还杀了造反的兄弟，我比周公差远了，怎么能够破坏法律呢。结果，杨俊郁郁不得志而死。

2、读案例学法史

随文帝对自己的儿子“一断于法”，算是难能可贵了；其更可贵之处，在于能有不徇私枉法的思想。

（二）王伽释囚受褒奖——隋文帝的法律思想

1、案情简介

隋文帝时期，齐州有个参军叫王伽。一次，王伽奉命押送李参等七十多个罪犯去京城长安。犯人们披枷戴锁，跋山涉水，千辛万苦才走到荥阳。王伽对众犯人说：“好了，现在你们不必再受枷锁之苦，差役们也不必陪你们遭罪。你们可以自行赴京，但一定要在规定的日期到达京都。否则，我只有替你们一死。”

李参等众犯被王伽的诚意所感动，纷纷表示会如期到京。等到约定的日期到了，犯人们果然如期到达，没有一个人逃走。

隋文帝杨坚听说后，十分惊奇。他召见王伽，赞扬他的做法。他还召见犯人和他们的妻子儿女，赐宴款待并赦免他们的罪行。

随后，杨坚晓谕天下：“官吏们要以王伽为榜样，用德行感化庶民。庶民应像李参那样，改恶从善。这样，天下就会太平，不用刑律的日子很快就会到来。”

2、读实例学法史

王伽以德化人固然有其价值，但释囚之举乃违反法定程序，实在不敢称道。

隋文帝褒奖王伽，反映了其倡导德治，追求无讼、无刑的和谐秩序的法律观。

（三）违时杖杀——隋文帝的“则天而行”

1、案情简介

中国古代儒家讲“天人感应”，所以法律规定，立春后秋分前不决死刑，即应“秋冬行刑”。开皇十七年（公元597年）六月，隋文帝发怒下令将触犯他的人即时“决杖”。大理寺少卿赵绰进谏道：季夏之月，天地在长庶类，不可以此时诛杀。文帝却说：六月虽是万物生产，此时必有雷霆，天道既于炎阳之时震其威怒，我则天而行，有何不可？仍坚持将该犯当场处决。

2、读案例学法史

封建专制帝王的意旨就是“天意”，秋冬行刑是顺应天意，六月杀人也是顺应天意，强调“以德化人”的隋文帝也难逃此帝王本性，对老百姓而言哪里有“天理”呢？

二、唐朝

（一）酷刑冤狱

武则天用刑残酷，当时徐敬业造反和豫州、博州起兵以后，她怕人心动摇，想用严刑峻法巩固统治，从此逐渐任用酷吏，命令他们用酷刑办理案件。长寿年间有人告发：五岭以南的流放犯中有人阴谋反叛，于是派遣司刑评事万国俊代行监察御史职权前去查办，如果查到有谋反的情况，立即处以死刑。万国俊到达广州，把流放犯集中一起，赶到河湾港汊，一批批地杀掉，共有三百人，一下都丧了命。然后编造罪状，向上谎报说："这几个道的流放犯，对朝廷心怀不满，如果不及早查办，他们闹事的日子不远了。"武后听信了这套假话，又命令代理监察御史刘光业、王德寿、鲍思恭、王处贞、屈贞筠等人，分别下到剑南、黔中、安南、岭南等六个道，复查流放犯的罪状。刘光业到处杀人，他杀了九百，王德寿杀了七百，其他杀人最少的也不下几百人。还有判别的罪的犯人和多年流放的人，也被冤枉处死。

当时周兴、来俊臣等人先后接受命令，审理政治案件。在京城丽景门内另设了一个推事使院，人们叫它"新开狱"。来俊臣又和侍御史侯思止、王弘义、郭霸、李敬仁，评事康卫遂忠等人，召集告密的歹徒几百人，在一起编造罪状，陷害好人，先后遭受打击含冤被害的不计其数。他们还编了一本告密《罗织经》，内容宗旨就是同过去犯罪的人挂钩，捏造谋反的罪状。来俊臣每次提审犯人，不问罪过轻重，先用醋灌鼻子，囚禁在地牢里，或者放进大瓮里，四周用火烤。同时断绝他们的口粮，以致有人饿得掏出衣絮来吃。他们制造的大枷，共有十个称号：第一叫定百脉，第二叫喘不得，第三叫突地吼，第四叫著即承，第五叫失魂胆，第六叫实同反，第七叫反是实，第八叫死猪愁，第九叫求即死，第十叫求破家。还强制犯人在粪尿污秽的地方吃睡，受尽种种苦楚。每次皇帝下令宽赦囚犯，来俊臣总是先派人把重刑犯全部杀掉，然后才宣布。当时全国一片恐怖，人们在路上相遇也不敢随便交谈，只能用目光表示内心的愤恨。

（二）依法不依言

贞观元年九月，国家广泛选拔人才，其中有人冒充名门，弄虚作假来骗取官职。唐太宗下令叫这些人自首，如不自首就要处以死刑。不久查出一个假冒的人来，大理寺少卿戴胄将其判处流刑。唐太宗说：“我下令要对不自首的人处以死刑，你却只判流刑，这就向全国表示我的命令不足为信了！难道你要抗旨枉法吗？”戴胄回答说：“陛下如果查出后立即处死，那不是我能管的事。现在交付大理寺查办，我就不敢违法办事了。”唐太宗说：“你要按法处理，难道叫我丧失威信吗？”戴胄说：“法律是国家在全国树立威信的大事情；陛下的话不过是凭一时的喜怒讲出来的！陛下一时发怒要处死那些假冒的人，可是已经知道那么判处是不合法的，就应当按照法律规定判处流刑，这样做是忍下一时的气忿，却维护了国家法律的尊严。如果陛下不顾国法的威信，决意按照个人意气去办，我是很为陛下的圣明惋惜的。”唐太宗听后说：“我下的命令不够妥当，你能帮助改正过来，我还有什么可以忧虑的呢！”

（三）不徇私情

濮州刺史庞相寿，因为犯贪污罪被革除官职。他自己诉说曾经在秦王身边工作过，唐太宗怜悯老部下，打算让他官复原职。魏征进谏道：“在秦王身边工作过的人，朝内朝外还有很多，如果大家都依仗个人恩情，就会使那些作风正派、办事认真的人心存顾虑了！”唐太宗高兴地接受了他的建议，对庞相寿说：“我过去做秦王，只不过是一府之主，现在当了皇帝，成了天下之主，不能偏袒老部下。魏征坚持这么办，我又怎能违背呢？”于是送给他丝绸打发他回家，庞相寿只好流着泪离开了。

（四）依法办事

当时唐德宗命令玉工做一条玉带，玉工不小心摔坏了一个扣版，自己买来一个补上了。呈送皇帝时，德宗指着说：“这个同别的怎么不一样？”工人承认了欺君之罪，皇帝下令处死。诏令下达到了中书省，宰相柳浑坚持说：“陛下若杀了玉工也就罢了，如果交给主管部门查办，就必须详细审议；况且在春季执行，请容我按照法律审判，奏请定罪。”后来按照误伤皇家车马用具服饰罪，处杖刑六十，其他工人无罪释放。唐德宗同意这样处理。

第八章

礼律合流的完善：明清法律（上）

唐朝传世名典《唐律疏议》向我们展示了封建法典儒家道德化的独特魅力，其后，这一“礼指导律”“律彰显礼”的封建立法精神沿袭不改，中经宋元，直至明清，日臻完善的同时也日益成为社会进步的禁锢。

唐朝传世名典《唐律疏议》向我们展示了封建法典儒家道德化的独特魅力，其后，这一“礼指导律”“律彰显礼”的封建立法精神沿袭不改，中经宋元，直至明清，日臻完善的同时也日益成为社会进步的禁锢。

明初统治集团是在反元苛政中成长起来的，因此他们一方面以承继中华文化之大统为己任，强调明刑弼教、礼法结合的长治久安的方针，另一方面又推出乱世重典、惩愚警顽的救世方略，奠定了明代法律的基调和格局，使之成为封建末期法律文化的代表。

满族入关，清朝开始。清朝统治者在保有民族习惯的前提下，积极吸纳中华传统法律文化的精髓，以“参汉酌金，渐就中国之制”为指导思想构建其法律工程，最终成就了既维护清朝贵族特权又彰显礼法合一特点的清朝法律体系，在法律道德化、特权化的道路上越走越远，为中国传统法律文化添上了浓重的收尾之笔。

“重典”治国与礼法结合

明王朝建立后，以开国皇帝朱元璋为代表的最高统治集团，在总结历史经验，特别是在吸取元朝亡国的历史教训中，形成了一套具有封建社会后期时代特点的立法思想，“明刑弼教”和“重典治国”原则就是其重要内容之一。

一、“重典”治国

明朝开国皇帝朱元璋起自民间，亲眼目睹了元朝政治腐败、法度废弛以致亡国的整个过程，因此，当明朝建立以后，他认为自己所处的时代是一个“乱世”，当以“重典”治之，并且进一步总结“重典治国”的内涵包括重典治吏和重典治民，通过重典治吏和治民实现重典治国。

朱元璋深知治吏在治国中的极其重要性，因此，他在治吏上坚言“故今严法禁，但遇官吏蠹害吾民者，罪之不恕”。洪武年间，朱元璋屡兴大狱惩治贪官污吏，其凌厉作风无人能及。

推行重典治吏的同时，朱元璋也强调重典治民。亲历了反元政治风暴的朱元璋深知农民阶级反抗封建统治的巨大威力，因此，为了巩固新政权，他强调对于不服从治理的顽民要以严刑酷罚加以惩治，以达到“民畏而不犯”的目的。

明初统治阶级推行“重典治国”的主张，对于改良吏治、安定社会，在一定程度上起到过积极的作用，“一时守令畏法，洁己爱民，以当上指，吏治涣然丕变矣。下逮仁、宣，抚循休息，民人安乐，吏治澄清百余年”。[1] 但是，“重典治国”所带来的消极影响，造成法制的畸形发展也是不能低估的。

其一，“重典治吏”不能从根本上解决吏治腐败问题，正如朱元璋自己所说的那样：“我欲除贪赃官吏，奈何朝杀而暮犯。”不仅如此，而且“重典治吏”的政策相当程度上造成了统治阶级内部的混乱，影响了国家机器的正常运转。

其二，重典治世思想的推行，把中国封建社会刑罚由轻（唐代）入重（宋代）推向极致，逐渐形成封建社会后期的苛刑峻罚形态。明代君主极端专权、特务恣意横行，不能不说是这一思想影响的结果。其重典治世的结果，不仅不能“警省愚顽”，反而激起“顽民不服”，使“商贾不安于涂，

① 《明史·循吏传》。

庶民不安于业”，农民奋起反抗朝廷的起义连绵不断。

二、礼法结合

朱元璋虽然重视“重典治国”的重要性，但他毕竟是封建正统法律思想的继承者，同样深知礼在治理国家中的重要作用。因此，早在建国之初，朱元璋就明确地说：“礼法，国之纪纲。礼法立，则人志定，上下安。建国之初，此为先务。”治国重礼、礼法结合也是朱元璋一以贯之的立法指导思想。

《大明律》颁行之后，朱元璋谕群臣曰：“朕仿古为治，明礼以导民，定律以绳顽。”特别在洪武末年，朱元璋认为“重典治乱世”已见成效后，他谆谆告诫皇太孙朱允炆说：我所治理的是乱世，刑罚不得不重；你将要面对的是承平的国家，刑罚自然要轻。刑罚的轻重要随着时代的治乱有轻有重。

建文帝朱允炆继位后，继承了先帝朱元璋的“明礼导民”的思想，明初无论是太祖朱元璋，还是建文帝朱允炆都是礼法两手并用，因此，《明史·刑法志二》曰：“盖太祖用重典以惩一时，而酌中制以垂后世，故猛烈之诏，宽仁之治，相辅而行，未尝偏废也。建文继体守文，专欲以仁义化民。”

律典举要

明代一方面遵唐制，“仿古为治”；另一方面鉴元政，“以猛治国”，先后制颁具有封建社会后期特点的《大明律》明《大诰》等法律法规。

一、《大明律》

《大明律》是明代的基本法典，是在朱元璋的主持下，经过三十年几次重要修改而成。

《大明律》共七篇四百六十条，大致内容如下：

第一篇《名例律》，一卷四十七条，是全律的纲领。它规定了定罪量刑的基本原则，基本沿袭唐律，但也有变化，例如：“五刑”条规定笞、杖、徒、流、死之外，在律文的具体条款中又有凌迟、充军、迁徙、刺字等刑罚；“八议”中文武官员的特权与前代比较有所下降等。

第二篇《吏律》包括《职制》《公式》二卷，三十三条。主要规定文武官吏应该遵循的法规及公务职责。其中“大臣专擅选官”“文官封公侯”“交结朋党紊乱朝政”“交结近侍官员”“擅为更改变乱成法”等死罪条款为明律所特有，反映出明代君权及封建专制的中央集权日趋强化的历史特点。

第三篇《户律》分为《户役》《田宅》《婚姻》《仓库》

《课程》《钱债》《市廛》七卷，共九十五条。此律是人口、户籍、宗族、田土、赋税、徭役、婚姻、钞法、库藏、盐法、茶法、矾法、商税、外贸、借贷、市场等有关社会经济、人身关系及婚姻民事内容的立法。调整经济关系的内容大为增加，《课程》《钱债》《市廛》专篇，反映出明代封建经济和商品货币关系的进一步发展。

第四篇《礼律》分《祭祀》《仪制》二卷，共二十六条。此律是对祭祀天地、宗庙、社稷、山川及君臣、父子、夫妇之间各种礼仪的法律规定。

第五篇《兵律》分《宫卫》《军政》《关津》《厩牧》《邮驿》五卷，共七十五条，此律是有关军戎兵事的立法。对军人犯法科罪较重，除在《名例律》中增立“军官有犯”“军官军人犯罪免徒流”等律条外，复设此专篇。

第六篇《刑律》分为《贼盗》《人命》《斗殴》《骂詈》《诉讼》《受赃》《诈伪》《犯奸》《杂犯》《捕亡》《断狱》十一卷，共一百七十一条。规定了对刑事犯罪的论罪定刑及诉讼、追捕、审判的原则，是全律的重点。

第七篇《工律》分《营造》《河防》二卷，共十三条，是关于工程营建、官局造作以及河防、道路、桥梁方面的立法。《工律》设置专篇为明代所独有。

此外，明律还附有五等丧服图和五刑图。

洪武三十年律的刊布，不仅标志着明代封建立法的成就，而且影响了清代立法的格局。它作为中国封建社会后期的代表性法典，不仅在中国法制史上占有重要的历史地位，而且影响到了朝鲜、日本、越南等国当时的法律，堪与《唐律疏议》相媲美。

二、明《大诰》

明《大诰》是朱元璋亲自编纂的一部特别刑法，包括《大诰一编》七十四条，《大诰续编》八十七条，《大诰三编》四十三条，《大诰武臣》三十二条，总计四编二百三十六条。

朱元璋称帝后，主张以“猛”治国，加大刑罚惩治力度。但其“猛烈之治”并未达到预期的社会效果，相反的，农民的反抗与起义却连接不断，贪官污吏也层出不穷，以致社会危机四伏。在这种情况下，朱元璋更加认识到猛刑治世的重要性，并着手编撰体现这一思想的明《大诰》。

明《大诰》用刑残酷，更是把“重典治国”推至极端，其特点如下：

其一，巧立罪名和酷刑。明《大诰》规定了诸如凌迟、族诛、剥皮、弃市、墨面文身、挑筋去指、抽肠刷洗、斩趾枷令、枷项游历、阉割为奴等酷刑。对此，《明史·刑法志二》说：“凡三《诰》所列凌迟、枭示、种诛者，无虑千百，弃市以下万数。”《大明律》本来就是一部重刑的法典，而明

《大诰》更是显其刑罚苛重的特色。

其二，以严刑惩吏为重点。据统计《大诰》收有的一百五十六个案例中，涉及官吏犯罪的为一百二十八个。其中《大诰续编》共有八十七条，属于打击官吏和豪强作恶犯罪的案例就占七十条之多。

《大诰一编》《大诰续编》《大诰三编》《大诰武臣》相继颁行后，朱元璋为了很好地实施《大诰》这部特殊刑法典，在全国掀起一个学习《大诰》的高潮，他命令各级学校要讲授《大诰》，科举要考试《大诰》，乡民集会要宣讲《大诰》，罪犯家有《大诰》可以减罪，行路持有《大诰》可免路引。但在朱元璋死后，由于《大诰》刑酷法严，建文帝以后实际上被废除。

三、《明会典》

《明会典》，是明代的行政法典。从明英宗正统年间（公元 1436 ~ 1449 年）开始编纂，于明武宗正德四年（公元 1509 年）正式颁行天下，称为《正德会典》。后又经明世宗、明神宗时期的重加校刊增补，分别于嘉靖二十八年（公元 1549 年）和万历十五年（公元 1587 年）形成《嘉靖续纂会典》《万历重修会典》。至此，会典内容达二百二十八卷。

《明会典》规模浩大、内容详尽。编纂体例采用以官职为纲，分别规定各行政机关的职掌、沿革、事例、章程、法令、典礼，形成宗人府一卷、吏部十二卷、户部二十九卷、礼部七十五卷、兵部四十一卷、刑部二十二卷、工部二十八卷、都察院三卷、武职衙门二卷等总计二百二十八卷的规模，是一部在《唐六典》基础上制订的更加完善的封建行政法典，对封建社会最后一部行政法典《清会典》的制订具有重大影响。

“重典”与刑事法律制度

自太祖起推行的“重典治国”思想，在明代刑事法律制度中得到了充分的体现，反映了封建晚期刑罚趋重的特色。

一、加重处罚反逆大罪

如“十恶”中“谋反”“谋大逆”等罪，唐律规定本人不分首从皆处以斩刑，十六岁以上的父子处以绞刑，其他亲属可不处死刑。明律规定为本人处以凌迟刑，其祖父母、子、孙、兄弟及同居之人不分异姓，以及伯叔父、兄弟之子，凡十六岁以上者，不限籍之异同，不论笃疾残疾，一律处斩刑。

二、重典治官治吏

明代统治者为了巩固政权，很重视整顿吏治。

首先，在吏治体制上进行改革，使唐宋以来行政体制发生了重大变化，在中央废中书省和宰相制度，使吏、户、礼、兵、刑、工六部权力增大，并且直接对皇帝负责；军事上废大都督府，设五军都督府，便于皇帝直接掌握军权；司法机关的设置与职能也进行了改革，便于皇帝直接掌握司法权。

同时，在地方也进行行政管理机构的变革，便于中央对地方权力的操控。随着行政机构的改革，明代统治者更注意对各级官吏的选拔、考绩和监察，并逐渐使各项内容制度化、法制化。

明代统治阶级对于官吏的种种不法行为，诸如失职、渎职、贪污受贿、朋比结党等行为，皆采取严法以治的做法。

（一）创设“奸党”罪，严禁臣下朋党、内外交结

朱元璋为了巩固帝业，防止臣下朋比结党，内外上下勾结，在中国法制发展史上，首立“奸党”罪。薛允升在《唐明律合编》中说：“奸党”罪为“洪武年间增定者也，明祖猜忌臣下，无弊不防，所定之律，亦刻酷显著，与唐律迥不相同”。

1.《大明律·吏律·职制》规定了“奸党”罪的几种表现及相应的刑罚

（1）“凡奸邪进谗言左使杀人者，斩。”

（2）“若犯罪律该处死，其大臣小官，巧言谏免，暗邀人心者，亦斩。”

(3)“若在朝官员，交结朋党，紊乱朝政者，皆斩，妻子为奴，财产入官。”

(4)“若刑部及大小各衙门官吏，不执法律，听从上司，使出入人罪者，罪亦如之。若有不避权势，明具实迹，亲赴御前，执法陈诉者，罪坐奸臣，言告之人与免本罪，仍将犯人财产均给充赏，有官者升二等，无官者量与一官，或赏银二千两。”从上述规定看，对“奸党”罪的刑处是很严厉的，目的在于“以示重绝奸党之意也”。

2. 禁止侍臣、后妃、外戚干预朝政

朱元璋在宫廷立铁牌：“内臣不得干预政事，犯者斩。”

洪武五年（公元1372年），朱元璋又作铁榜九条，告诫功臣不得营私谋利，官军不得私自为公侯服务。

《大明律·吏律·职制》规定：“凡诸衙门官吏，若与内官及近侍人员互相交结，漏泄事情，夤（yín）缘作弊而符同奏启者，皆斩；妻子流二千里安置。”

3. 评析

明代严厉惩治奸党的规定，对于防止官吏上下、内外勾结，徇私舞弊，加强君主专权，起了积极作用。但同时，也导致冤狱迭出，引起统治阶级内部的危机，并使得皇帝疏远朝臣，宠信宦官，为明朝中后期黑暗的宦官专政提供了条件。

（二）严惩官吏失职、渎职的行为

1. 严惩文武官吏失职犯罪

明代法律规定武官在临军征讨时，按规定应供的军器、粮草等，如“违期不完者，当该官吏各杖一百”。如果“临敌缺乏”，或领兵官已承调遣，不按期进兵策应，应承差告报军期而违期，因而失误军机者，构成“失误军事”罪，一律处斩刑。

文官在选拔考核官吏方面，有“贡举非其人”罪，“举用有过官吏”罪；在值宿方面，有“擅离职役”罪；在起草印刷发送文书方面，有“照刷文卷失错”罪、“磨勘卷宗迟错”罪；在检查登记户口田粮方面，有“失于取勘脱漏户口”罪等。官吏这些失职行为，都要相应处以刑罚，以肃吏治。

明代法律还规定了司法官吏因失职而处以严刑的内容。《大明律·吏律·讲读律令》中规定：“凡国家律令，参酌事情轻重，定立罪名，颁行天下，永为遵守，百司官吏，务要熟读。”每至年终进行考核，“若有不能讲解，不晓律意者，初犯罚俸钱一月；再犯笞四十附过；三犯于本衙门递降叙用”。如有“官吏人等，挟诈欺公，妄生异议，擅为更改变乱成法者，斩”。

2. 严惩官吏渎职犯罪

明代法律很重视对官吏渎职行为中的贪赃犯罪的惩处，并且把贪赃分为六种：监守盗、常人盗、窃盗、枉法、不枉法与坐赃。且绘六赃图标于律首，以示重惩贪墨之罪。

明律关于官吏受赃犯罪共有十一条，律后还有条例七条。例如:“官吏受财”条区别官、吏两种情况，又规定“枉法赃”和“不枉法赃”两种区别。“枉法赃”指“受有事人财而曲法处断者”；“不枉法赃”指“虽受有事人财，判断不为曲法者”。其处刑规定分别为：官“枉法赃八十贯绞”，吏“枉法赃一百二十贯，绞”；官、吏“不枉法赃”都是“一百二十贯罪止杖一百，流三千里”。

明律对负有监察之责的“风宪官”，又特别做出规定：“凡风宪官吏受财及于所按治去处求索借贷人财物，若买卖多取价利及受馈送之类，各加其余官吏罪二等。”

明律采用严厉的刑罚手段制裁官吏的受财渎职行为，对于清明吏治，提高行政效率，缓和社会关系，巩固统治秩序起了积极的作用。

（三）重典惩治贪官污吏

明代重惩贪官污吏的法律规定，集中表现在《大明律》和《大诰》中。

1.《大明律》的规定

《大明律》专设官吏“受赃”专章，用刑也严，官吏有受财而枉法者，一贯以下杖七十，受财达八十贯者处以绞刑。

在洪武十八年（公元1385年）郭桓贪墨案发后，明太祖以重典治之，“自六部左右侍郎下皆死”，“词连直省诸官吏，系死者数万人”，还将审判不力的大理寺审刑司长官吴庸等司法官处以死刑。又规定监守盗“不分首从，并赃论罪”，一贯以下杖八十，四十贯处绞刑。

明代为了重惩贪官污吏，明律也设“六赃”罪，并将“六赃”绘成图，标于律首，以示其重。

2. 明《大诰》的规定

在《大诰》二百三十六条中，属于惩治贪官污吏的多达一百五十五条，其用刑比《大明律》更为残酷。如对于不枉法罪，明律均不处死刑，明《大诰》则处凌迟、枭首等酷刑。对收受贿赂的官吏凌迟处死，对因公科敛的官吏也处死刑。

建立民拿贪官污吏的制度，规定对于害民之官吏，允许良民将其“绑缚赴京治罪”，对于“违旨下乡，动扰于民”的贪官，“许民间年有德者民率精壮拿赴京来”；对于民“拿害民该吏，正官、首领官及一切人等敢有阻挡者，其家族诛”。

3. 其他法外措施

主要有两种：一是在府、州、县及乡之里社立申明亭，“揭诸司犯法者于申明亭，以示戒”。即使是犯罪后得到宽宥复职的官吏，也要将其过失书写，张贴于家门口，如不悔改，则依律治罪。二是设“皮场庙”，悬“剥皮实草之袋”。据《草木子》记载：“明祖严于吏治，凡守令贪酷者，许民赴京陈诉。赃至六十两以上者，枭首示众，仍剥皮实草。府、州、县、卫之左特立一庙，以祀土地，为剥皮之场，名曰皮场庙。官府公座房，各悬一剥皮实草之袋，使之触目警心。”

三、刑罚残酷

刑罚趋重，是中国封建社会后期刑罚制度发展中的一个重要特点，至明代刑罚残酷，尤为明显。明代继续适用封建制五刑——笞、杖、徒、流、死，死刑又有绞、斩、凌迟等种类，除此之外，还创设充军、枷号、廷杖等。

（一）充军

充军刑宋元时期已经存在，但其发展成为正式刑却始于明代。明初只是把犯人送到边疆开荒种地，后来逐渐成为经常适用的刑罚，并定制，分“极边、烟瘴、边远、边卫、沿海、附近。军有终身，有永远”。定制后的五等充军刑称为“五军”。

充军远近不等，从四千里到一千里，凡充军者均行杖刑一百。

充军分为“终身”“永远”两种，终身充军是指本人充军到死，死后刑罚执行完毕；永远充军是指本人死后，还要罚及子孙，由子孙后代接替继续充军，直至“丁尽户绝”为止。

（二）枷号

明初创立枷号刑，是指强制罪犯戴枷于监狱外或官府衙门前示众，以示羞辱，使之痛苦。明代的枷号有断趾枷令、常枷号令、枷项游历之分。刑期为一月、二月、三月、六月、永远五种。

枷号重量有十几斤至几十斤不等，最重者达到一百五十斤之重。宦官擅权的明武帝时期，刘谨就设置过一百五十斤重的枷号，戴上此枷的囚犯往往几天内就会毙命。

（三）廷杖

廷杖是指在皇帝决定和监督下，在殿廷前对“违抗”皇命的大臣直接施以杖刑的法外刑罚，由司礼监监刑，锦衣卫施刑。

明代廷杖之刑始自太祖。洪武六年（公元 1373 年），朱元璋对朱亮祖父子和薛祥施用此刑，朱亮祖父子被鞭死，薛祥被杖毙。

明武宗正德十四年（公元 1519 年），朝臣黄巩等一百六十多人因谏阻武帝南巡被廷杖，毙命者十五人。明世宗嘉靖三年（公元 1524 年），同样因朝臣韦熙等一百三十多人谏争“大礼事”被廷杖，毙命者十七人。这是明代历史两次规模最大的施用廷杖刑的例子。

（四）其他法外刑罚

除上述法定酷刑外，明代还大量施用法外酷罚如挑筋、断脊、枭首、剥皮等，其残苛之法，罄竹难书。

四、“文字狱”盛行

在中国封建社会，文人往往因文字著作被罗织罪名、锻炼成狱者，称之为“文字狱”。

“文字狱”是封建专制统治的产物，长期存在于封建社会，明初统治者更是有一种对文人特有的猜疑癖性，处处防范着文人，文人的言辞文字、表笺著作，动辄酿成文字狱。官吏因文字狱获罪者亦多，统治者用刑亦酷。

据赵翼《二十二史记·明初文字之祸》记载，这样的例子很多。洪武年间，杭州教授徐一夔（kuí）给皇帝上贺表，表中有“光天之下，天生圣人，为世作则”之语，本是臣下颂扬圣上之辞，却被当朝皇帝朱元璋锻炼成文狱而被处以死刑。正如朱元璋所说：“生者，僧也，以我尝为僧也；光则薙发也，则字音近贼也。”因为朱元璋幼在民间，曾经做过和尚剃过发，于是遂被认为是影射，属大不敬行为，当然构成文字狱。

类似于此的文字狱见于记载的还很多，甚至民人即兴赋诗时，也随时可能罹文字狱之罪，如有个和尚作了一首诗，内有“热时无处可乘凉”“爱开窗户不烧香”句，其实本无他意，却被朱元璋认为“热时无处可乘凉，以我刑法太严”，“不烧香，是言我恐人议而肆杀，却不肯为善”，遂将其治罪。

明代推行文字狱的实质在于加强思想文化专制，禁锢人民的思想，以巩固封建政权。

五、评析

明律是以唐宋法律为基础制定的中国封建社会后期具有代表性的法律，二者比较而言，显现出来的鲜明特点为“唐律犹近古，明律则颇尚严刻矣”。

清人薛允升在具体分析、比较唐明法律内容基础上得出结论：“大抵事关典礼及风俗教化等事，唐律均较明律为重，贼盗及有关帑项钱粮等事，明律则又较唐律为重。”这就是明律相对唐律而言的“轻其所轻、重其所重”的刑法原则。

明律相对唐律，在有违伦常教化犯罪处刑上明显偏轻。

例如：“不孝罪”中有一种“祖父母、父母在，子孙别籍异财”的行为，唐律对此种犯罪行为处徒刑三年，而明律只处以杖一百的刑罚；又对于“闻父母丧而匿不举哀”的行为，唐律规定处流刑二千里，而明律只处杖刑六十。

明律与唐律相比较，对于直接危害封建统治、封建君主的犯罪，处刑都普遍加重。

例一：如“十恶”中“谋反”“谋大逆”等罪，唐律规定本人不分首从皆处以斩刑，十六岁以上的父子处以绞刑，其他亲属可不处死刑。明律规定为本人处以凌迟刑，其祖父母、子、孙、兄弟及同居之人不分异姓，以及伯叔父、兄弟之子，凡十六岁以上者，不限籍之异同，不论笃疾残疾，一律处斩刑。

例二：对于强盗罪，唐律处刑规定也明显轻于明律规定。唐律规定“不得财徒二年；一尺徒三年，二匹加一等；十匹及伤人者，绞；杀人者，斩”。明律则规定为：“凡强盗已行而不得财者，皆杖一百，流三千里，但得财者，不分首从，皆斩。”

例三：诬告反坐且加重处罚。明代对诬告的惩处比唐代规定更加具体、严厉。唐律中只规定诬告反坐，但明律规定凡诬告人笞罪，加重所诬罪二等；流徒杖罪加所诬罪三等，但最高刑只能杖一百流三千里。被诬者所受损失，全部由诬告者赔偿。凡被诬告充军的，诬告者属民抵充军刑，属军人发边远边卫充军。凡被诬告者已被处死，诬告者除处死刑外，还要将其一半家产交受害者养家。诬告十人以上者，凌迟处死，家属迁化外。

司法制度集萃

一、司法机关

（一）中央司法机关

中央司法机关设置，至明代发生了较大的变化，主要体现在司法机关职掌的变化和名称的改异上。明代中央司法机关为刑部、大理寺和都察院，合称“三法司”。

1. 刑部：主审机关

明初朱元璋废除宰相制度后，刑部地位提高成为中央主审机关，设尚书和左、右侍郎为正副长官。

其下设司务厅和十三清吏司，具体掌管中央与各省审判，即审理京师地区案件和文职官员案件，审核地方徒刑以上重案。同时，代表皇帝去各地录囚，审理大狱。

2. 大理寺：慎刑机关

由唐宋时期的主审机关变为慎刑机关，掌驳正、审谳平反，一般不掌审判。

大理寺设大理卿一人，下设左右二寺分管京师及各省案件的复核与平反工作。对刑部和都察院审理的案件加以“驳正”，“然后告成于天子而听之”。

3. 都察院：纠察

由唐宋御史台改名而来，又称“风宪衙门”，职掌纠察。

设左都御史主管中央与地方的司法监督，又设御史多人作为辅佐，对刑部的审判和大理寺的复核进行监督。

地方设十三道监察御史作为派出机构，对地方审判进行监督。同时，经常由皇帝派遣巡按御史巡查各地，他们作为“钦差大臣”拥有“大事奏裁、小事立断”的权力。

明代刑部、大理寺和都察院三法司的设置，一定程度上体现出职权的分离和相互牵制的特点。对此，《明史·刑法志二》有记载："刑部受天下刑名，都察院纠察，大理寺驳正。"洪武十七年（公元1384年），朱元璋"诏天下罪囚，刑部、都察院详议，大理寺覆谳后奏决"。其具体运作方式是，刑部审理判决案件（死刑除外），定罪后，将罪犯连同案卷送大理寺复核，再由刑部具奏行刑，死刑案件须奏请皇帝批准。对于刑部的审判和大理寺的复核，都察院都有权进行监督。

（二）地方司法机关

1. 省

省一级采用分立制，即省级专设提供按察使司，其长官提刑按察使"掌一省刑名按劾之事"，有权审理徒刑以下案件，徒以上案件须报送刑部，无权擅决。

2. 府、县

府、县二级与行政机构采取合一制，即由知府、知县行政长官掌管狱讼。

3. 里社

明代还在州县的里社设有"申明亭"，调处民事纠纷："凡民间应有词状，许耆老里长准受于本亭剖理。"它虽不是正式审判机构，但带有地方基层司法组织的性质，起着申明教化、劝善惩恶的作用。

（三）特务司法机构：厂、卫组织

厂是东厂、西厂、内行厂，卫是锦衣卫，合称厂、卫。它虽不是正式的司法机构，但被皇帝特许兼管刑狱，赋予巡察缉捕、专理“诏狱”和审判之权，它由宦官操纵，直接听命于皇帝。

明代厂卫组织是前所未有的不受法律约束的特务司法机构，其对罪名的罗织无遗，对刑罚的锻炼残酷，可谓于斯而极，形成厂卫之毒。对此，《明史·刑法志三》说：“刑法有创之自明，不衷古制者，廷杖、东西厂、锦衣卫、镇抚司狱是已。是数者，杀人至惨，而不丽于法。踵而行之，至末造而极。举朝野命，一听之武夫、宦竖之手，良可叹也。”

二、会审制度举要

明代在唐宋法律的基础上，形成一套比较齐备的会审制度。明代会审制始于明太祖洪武年间（公元 1368—1398 年），定制于明宪宗成化年间（公元 1465—1487 年），主要的会审制度有：

（一）三司会审

三司会审是在唐代“三司推事”基础上发展形成的，凡遇重大、疑难案件，由刑部尚书、大理寺卿和都御史三法司长官共同审理，最后由皇帝裁决的制度。

（二）圆审

也称九卿会审，凡特别重大案件，二次翻供不服，根据皇帝的诏令，可由九卿会审，即由三法司长官会同通政使以及吏、户、礼、兵、工五部尚书会同审理，最后由皇帝审核批准的制度。

（三）朝审

明代对于秋后处决的死刑案件，建立朝审制度加以审核。明英宗天顺三年（公元1459年），“令每岁霜降后，三法司同公、侯、伯会审重囚，谓之朝审”。自此后，朝审制度正式确立，且“永为实例”；朝审不仅审核死刑，而且有宽宥之意，也就是朝审的案件，分别情况做出不同的处理，情节有矜悯或可疑的改为戍边；囚犯有翻异供词的移调官府再审，符合律令的监候听决，实为清代朝审之开端。

案例与典故拾零

一、空印案

（一）案情简介

此案发生在明初洪武年间。明初，每年布政司、各府州县官吏前往户部核对钱粮、军需供给等事，因路途遥远，往往带着事先开好的空印文书（即加盖印章的空白公文），以备急用。此事习以为常。但是洪武十五年（公元1382年），明太祖朱元璋知道此事后大怒，怀疑其中有弊，责令严查空印案。凡是与此案有关的部门及地方官员一律处以死刑，助理官员处以杖一百，戍边。受牵连者达万人以上。

（二）读案例学法史

在《大明律》中规定：对于受财枉法的“枉法赃”，从严惩处，一贯以下杖七十，八十贯则绞；对于监守自盗，不分首从，并赃论罪，满四十贯即处斩刑；对于执行监察职务的“风宪官”的御史，若犯贪污罪比其他官吏加重两等处刑。像明朝这样用严刑惩治贪官污吏，在历史上是空前的。

二、胡惟庸案

（一）案情简介

此案又称“胡狱”“胡党之狱”，发生在洪武年间。胡惟庸，定远（今属安徽）人，早年跟随朱元璋起兵，洪武六至十三年（公元1673—1380年）间任丞相。其间权倾朝野，专权结党。洪武十三年（公元1380年），明太祖朱元璋以擅权枉法罪判处胡惟庸等人死罪；十九年与二十三年（公元1386—1390年）又以胡惟庸通倭、通元罪追杀其余党，连坐被诛者达三万余人。朱元璋还乘机废除中书省制度，罢除丞相官职，直接统领六部。

（二）读案例学法史

明朝统治者在采取废除丞相制度，不准后宫与宦官干政等措施以外，用杀戮的手段大肆铲除权臣宿将，虽然暂时解决了皇帝和权臣之间的矛盾，却滋长了宦官专权。

三、蓝玉案

（一）案情简介

此案又称“蓝狱”，发生在洪武二十二年（公元 1389 年）。蓝玉，定远（今属安徽）人，早年随朱元璋起兵，勇敢善战，功绩显赫。洪武二十年（公元 1387 年）任大将军，二十年封凉国公。明太祖朱元璋比之为汉代卫青、唐代李靖。但蓝玉却恃功骄横，夺占民田，多行不法行为。洪武二十六年（公元 1393 年），锦衣卫告其谋反，结果被族诛，牵连致死者达一万五千余人。

（二）读案例学法史

《大明律》规定：“若在朝官员，交结朋党，紊乱朝政者，皆斩，妻子为奴，财产入官。”明律的这些规定，都是为了防止臣下结党以削弱君主集中的专制制度。明王朝统治者为了达此目的，不惜滥杀无辜。

第九章

礼律合流的完善：明清法律（下）

满族入关，清朝开始。清朝统治者在保有民族习惯的前提下，积极吸纳中华传统法律文化的精髓，以“参汉酌金，渐就中国之制”为指导思想构建其法律工程，最终成就了既维护清朝贵族特权又彰显礼法合一特点的清朝法律体系。

唐朝传世名典《唐律疏议》向我们展示了封建法典儒家道德化的独特魅力，其后，这一“礼指导律”“律彰显礼”的封建立法精神沿袭不改，中经宋元，直至明清，日臻完善的同时也日益成为社会进步的禁锢。明初统治集团是在反元苛政中成长起来的，因此他们一方面以承继中华文化之大统为己任，强调明刑弼教、礼法结合的长治久安的方针，另一方面又推出乱世重典、惩愚警顽的救世方略，奠定了明代法律的基调和格局，使之成为封建末期法律文化的代表。满族入关，清朝开始。清朝统治者在保有民族习惯的前提下，积极吸纳中华传统法律文化的精髓，以“参汉酌金，渐就中国之制”为指导思想构建其法律工程，最终成就了既维护清朝贵族特权又彰显礼法合一特点的清朝法律体系，在法律道德化、特权化的道路上越走越远，为中国传统法律文化添上了浓重的收尾之笔。

“渐就中国之制”

清入关前法律制度相对简陋，正处在习惯法向成文法的过渡之中。

努尔哈赤、皇太极时期，后金政权的法律制度开始不断吸收汉族法制文明的成就，“参汉酌金”，“渐就中国之制”逐渐成为后金统治集团的基本立法指导思想。“参汉”就是引进或借用汉族（明代）法制，“酌金”就是适当记录整理提炼后金原有的习惯法及旧法令，二者合起来要实现的目标就是“渐就中国之制”，即向汉族的先进法制靠拢。但尽管如此，其入关前夕的法律制度还远未系统详备。

1644 年清人入关，其原有法律制度远不适应新的统治需要。因此，1644 年 6 月，摄政王多尔衮下令“依明律治罪”；8 月，多尔衮又令“详译明律”，以期在明律基础上制定清律，颁行天下；同年 10 月，顺治帝又下令在新律未成书之前“仍照明律行”，同时又多次颁令全国“暂用明律”。这种以

《大明律》作为入关之初过渡性法律的状况一直持续至顺治三年（公元 1646 年）。

1645 年，顺治帝下令修律官“参稽满汉条例，分轻重等差”，统一纂修大清律。顺治三年（公元 1646 年），律成，名《大清律集解附例》，颁行全国。顺治帝亲自为该律作序，序文称“详译明律，参以国制，增损剂量，期于平允”。这正反映了清初立法的典型指导思想。由于主持定律的尽是明代旧臣，他们多不了解清入关前的法制，所以只是简单地抄袭《大明律集解附例》，律文几乎全文照录，以致清人谈迁谓“《大清律》即《大明律》改名也”。

此后，清律不断发展完善。历经顺治、康熙、雍正、乾隆近百年，有过三四次大的修律活动，至乾隆朝初期律文基本定型，此后不再修改，仅定期增修“附例”。

律典举要

一、《大清律例》

《大清律例》是清朝的基本法典，也是中国历史上最后一部以刑为主、诸法合体的封建法典。《大清律例》在顺治时期开始创制，至乾隆五年（公元 1740 年）颁布。它的篇章结构与明律相同，仍采用律疏并行、律例合编的体例，即律文四三六条，分为名例、吏、户、礼、兵、刑、工七篇；附例为一〇四九条，分别附于七篇律文之后。《大清律例》与明代的律、例相比，其主要变化是例由专门立法机构定期加以修订，使《大清律例》能够适应社会不断发展变化的各种情况。

乾隆五年（公元1740年）以后，律文再未增删，但律文后的附例则不断“续纂”。起初“定限三年一次编辑”，后又定为“五年一小修，十年一大修”。自乾隆至咸丰初百年间都是定期修订，附例条数逐年增加，乾隆二十六年（公元1761年）增至一四五六条，同治九年（公元1870年）增至一八九二条。光绪、宣统时期则连修例也顾不上了。

二、《清会典》

《清会典》是清代的基本行政法典。康熙二十三年（公元1684年），康熙帝令仿照《明会典》体例起草清会典，历时六年成书，共一百六十二卷。按宗人府、内阁、六部、理藩院、都察院、通政使司、内务府、大理寺等机构分目。每一机关条目下，开列其机构建制、官员编制、职掌权限，并考述其沿革及附载历年事例或则例。此次所编会典，称《康熙会典》。

其后，雍正、乾隆、嘉庆、光绪等朝不断修订，相沿成制。

清律的特点

一、严刑峻法

清律作为中国封建社会末代王朝的法律制度，有着封建社会末期的特色。这表现在许多方面，其中最重要的就是以严刑峻法推行政治思想高压政策。

首先，清律加重对“十恶”重罪特别是对“谋反”“谋大逆”等侵犯皇权的犯罪的惩罚。凡谋反大逆案中只要参与共谋，即不分首犯与从犯都凌迟处死，其父子、祖孙、兄弟及同居之人、伯叔父、兄弟之子，只要在十六岁以上皆斩；十五岁以下者及犯人之母女妻妾、姊妹及子之妻妾，“皆给付功臣之家为奴，财产入官”。即使子孙的确不知情，年十一岁以上也要阉割并发往新疆给官兵为奴。

其次，清代还扩大了谋反、大逆罪的范围，如：凡上书奏事犯讳或不当者，常按大逆律条治罪。又如：将“倡立邪教，传徒惑众滋事”或“因挟仇恨编造邪说煽惑人心”者，“比照反逆定罪”，处以极刑，父母即不知情也要流三千里。这种以极刑严厉防范打击人民聚众反抗的条例，在明以前的法律少见，或比从前大为加重。

再次，对危害治安及财产的犯罪也加重处刑。对于强盗罪，清律规定只要得财，不分首犯与从犯皆斩。对于盗窃罪，明律最重处刑流三千里，清律在顺治时期竟规定赃满一百二十两即绞监候。清律常将“江洋大盗”与谋反大逆相提并论，首犯凌迟处死，从犯常赦不原。道光年间还规定，对爬城行劫的罪犯及京城、大兴宛平二县境内的劫盗犯，地方官可以不向朝廷奏报即“就地正法”。

最后，严惩思想异端，大兴“文字狱”。如顺治康熙年间，浙江人庄廷鑨编刻《明书》，称努尔哈赤为“建州都督”。事被告发，时庄廷鑨已死，朝廷下令开棺戮尸，并将其兄弟、子侄以及该书刻印者、读者、保存者甚至“疏忽不觉”的地方官共七十余人全部处死。从此以后，“文字狱”迭兴不断，康、雍、乾三朝多达一百多起，株连士人数万，杀人甚多。

二、维护满族贵族特权

清王朝是以满族贵族为主体的封建政权，因此在法律上表现出维护满族特权及满族统治的特性。这主要反映在以下几个方面：

（一）确保满族贵族在政权中的优越地位

清代官制形式上标榜满汉一体，中央六部长官设满汉复职，但实权操于满官之手。为了保证满族贵族控制要害部门，清代在任官制度上创制了分族“官缺”制度，将所有官职岗位分为满官缺、蒙古官缺、汉军官缺、汉官缺四种。不同的官缺只能由不同的民族人员出任或补授。例如：中央的理藩院、宗人府及掌握钱粮府库、军火库等重要机构的职官，全部为满官专缺，各省驻防将军、都统、参赞大臣、盛京五部侍郎也全部是满官缺。地方督抚司道总兵提督等虽满汉兼用，但京畿（jī）和要隘多用满官。康熙时汉人任督抚者“十无二三”，乾隆时巡抚“满汉各半”，但“总督大都是满人”。直到咸丰以后，地方大员才以汉官居多。凡满官缺不许汉人补任，但汉官缺却允许满官补任。这是典型的民族歧视和保障满族特权地位的政策。

（二）保护旗人的司法特权

赋予旗人以法律尤其是司法上的特权，乃是清律的当然特色之一。《大清律·名例》规定旗人犯罪可以折抵刑罚，流徒刑之罪，旗人可以免予发配远乡、免予劳役、免予坐监；次死一等的充军，旗人可以戴重枷示众几十天来替代；即使杂犯死罪者，亦可以折易枷号，同罪异罚。

旗人的案件，由特定机关审理。一般旗人由步军统领衙门和内务府慎刑司审理，宗室贵族由宗人府审理，民事案由户部现审处审理。满人在地方涉讼，虽可以由州县审理，但无权对满人作出判决，只能将证据和审判意见转送满人审判机关处理。满人如须监禁，也不入普通监所。贵族宗室入宗人府空房，一般旗人入内务府监所。

三、抑制工商业的发展

清律坚持压抑限制工商业的政策。这主要体现在以下几个方面：

（一）限制沿海对外贸易

清初，为了镇压沿海地区特别是台湾海峡地区的抗清力量，朝廷曾颁《禁海令》，规定“寸板不得下海”。接着又颁布《迁海令》，强制闽广苏浙沿海居民内迁五十里，越界者立斩，从而完全阻绝了海外贸易。直至鸦片战争前夕，广州以外各口岸均奉令关闭。

（二）严格监管采矿业

清《户部则例》规定：开采商人须于地方官处登记，并提供担保、订立誓约方可开采。若私自开采或采得铁矿擅卖，严加治罪。康熙年曾定例：“如有别州县民人结伙移境（采矿），聚至三十人以上，”重加惩处，为首者发近边充军。为控制云南采铜业，清政府规定了官借工本，官收余铜的政策，甚至未借领工本的商人采获的铜也必须卖给官铜店。如有私相买卖，一经查获，铜没收，人治罪。

（三）抑制民间商业

为抑制民间商业活动，清王朝广设钞关（税卡），重征商税。有偷越关卡及偷漏税者，客商依律治罪，地方官一并议处。除关税外，还征收名目繁多的商税，如盐税、矿税、茶税、酒税等等。《大清律例·户律·课程》规定："不纳课程者，笞五十，物货一半入官。"

（四）严行官营制度

除铜铁专营专卖以外，清政府还实行盐茶官卖，禁止民间私卖盐、茶。将最有利润的商业收归官方垄断，打击了民间商业。《大清律例·户律·课程》规定："百姓私自买卖盐者，杖一百，徒三年。凡犯私茶者，同私盐法论罪。"此外，清代也严行官营手工业制度，许多日用品只准官营工场作坊生产，由官府销售等等。

秋审与九卿会审

一、秋审

秋审在清代号称国家大典，每年一度，是对在押死刑犯进行特别复核的制度。它系沿袭明代朝审制度而来。依《大清律例》，死刑判决有立决、监候两种，凡判为斩监候或绞监候者，即监押等候复核。因复核例于每年秋八月中下旬举行，故称秋审。

在秋审前，各省须将纳入秋审的案件整理复核好。此种整理复核自下而上，由州县到省，对在押死囚一一复核，按其犯罪性质、情节，区分为情实、缓决、可矜、留养四类。因可矜、留养者少见，故实际上主要是区分情实、缓决。当秋审日，在天安门前金水桥西，齐集内阁、军机、九卿、詹事、科道及各院寺司监官员，对各省已复核并作区分的案件进行会审。全国上千秋审案件，一日会审完毕，此即秋审或秋谳大典。大典之后，由刑部奏报皇帝，皇帝做出或情实、或缓决、或可矜、或留养的最后裁决。若是奉旨属于情实者，还要由刑科给事中向皇帝“复奏”。初为三复奏，乾隆改为一复奏。复奏后还要由各道御史奏请“勾到”。奉旨勾决者才下令处决。秋审列入缓决的案件，推到下一年度秋审，凡三经缓决者多改为流刑或发遣。

二、九卿会审

清代凡遇特别重大的案件，皇帝常命六部尚书、大理寺卿、都察院长官（左都御史）、通政司通政使等高官会同审理，称为九卿会审。

九卿会审主要是重审斩监候、绞监候的案件，也审理当年死刑案件。许多案件在进入朝审、秋审之前已经过九卿会审。朝审、秋审虽有内阁、詹事、科道等参与，但以九卿为主，故亦可视为九卿会审的主要方式。

除秋审、九卿会审外，还有朝审、热审、三司会审等会审制度。

案例与典故拾零

一、清朝"文字狱"

（一）案例简介

1. 年羹尧案

雍正朝的"文字狱"始自年羹尧案。年羹尧是汉军镶黄旗人，进士出身而有用兵之才，在川藏一带平叛屡建功勋，康熙末年授定西将军、兼理川陕总督，一意依附当时还是雍亲王的允禛。允禛篡位后，年羹尧备受宠信，加授川陕总督、太保、抚远大将军，爵封一等公。年羹尧又因妹妹是雍正的妃子，开始居功自傲，最终引起了雍正的不满。

雍正三年（公元 1724 年）二月，出现"日月合璧，五星联珠"的天文奇观，臣僚上表称贺，雍正在年羹尧的奏表中找到了"毛病"，一是字体潦草，二是将成语"朝乾夕惕"写成了"夕惕朝乾"，此语意为终日勤慎，就是写倒了意思也不变。但雍正认为年羹尧居功藐上，心怀不轨，那些对年羹尧有不满的人也群起而攻之，纷纷揭发其罪状。雍正以俯从群臣所请为名，尽削年羹尧官职，并于当年九月下令捕拿年羹尧押送北京会审。十二月，朝廷议政大臣向雍正提交审判结果，给年羹尧开列九十二款大罪，请求立正典刑。雍正令年羹尧自裁，亲族、同党或斩首、或流放、或贬谪，凡是与他有一丝牵连的人统统受到处罚。

2．汪景祺案

汪景祺，浙江杭州人，曾做过年羹尧的幕僚，著有《读书堂西征随笔》二卷，献年羹尧收藏。年羹尧犯罪抄家，《西征随笔》被缴进宫中。雍正读后仅因其书中有“天子挥毫不值钱”等语言文字伤及皇帝尊严，汪最终被判“大逆”立斩，家眷族人被流放宁古塔，疏远亲族凡在官的都革职，交原籍地方官管束。汪景祺被斩后，其头按雍正旨意，长悬于北京宣武门外，一直到雍正死去，乾隆登基，才皇恩浩荡，泽及枯骨，其头被取下与身合葬。

3．钱名世名教罪人案

钱名世，字亮工，江苏武进人，与年羹尧是乡试同年，因此而有交谊。雍正二年（公元 1724 年），权势赫赫的年羹尧进京觐见，钱名世赠诗谀颂，有“分陕旌旗周召伯，从天鼓角汉将军”“钟鼎名勒山河誓，番藏宜刊第二碑”等诗句。年羹尧受诛，钱名世也在劫难逃。雍正给他加的罪名是“曲尽谄媚，颂扬奸恶”。但没有杀他，只是把他革职逐回原籍，御书“名教罪人”四字，命钱名世原籍地方官制成匾额，挂在钱家中堂上，并命常州知府、武进知县每月初一、十五去钱家查看匾额悬挂情形，如未悬挂则呈报巡抚奏明治罪。奇耻大辱的“名教罪人”四字不但使钱名世无脸做人，而且使他的子子孙孙都抬不起头。

更令人发指的是，当钱名世离京时，雍正还命京官自大学士、九卿以下都作讽刺诗为钱名世“赠行”，结果共有三百八十五人奉诏作诗。雍正一一过目后，交付钱名世辑成专集，题为《名教罪人诗》，刊印后颁发全国学校，让天下士子人人知晓。讽刺诗作得好的给予表扬，不好的给予处分。正詹事陈万策诗中有句：“名世已同名世（指南山集案的戴名世）罪，亮工不异亮工（指年羹尧，因其字曰亮工）奸”，措意尖刻，造句新巧，得到雍正的夸奖。而翰林侍读吴孝登则因诗句“谬妄”，被发配宁古塔给披甲人为奴。

4.“清风不识字”案

翰林院庶吉士徐骏，是康熙朝刑部尚书徐乾学的儿子，也是顾炎武的甥孙。雍正八年（公元1730年），徐骏在奏章里，把“陛下”的“陛”字错写成“狴”字，雍正见了，马上把徐骏革职。后来再派人一查，在徐骏的诗集里找出了如下诗句“清风不识字，何事乱翻书”“明月有情还顾我，清风无意不留人”，于是雍正认为这是存心诽谤，照大不敬律斩立决。

（二）读案例学法史

清代“文字狱”盛行，尤以雍正时期最为突出。上述四个案例正是这一特色的反映。

二、服制定罪案

（一）案情简介

1．樊魁欧母案

《刑案汇览二》载：“樊魁与弟樊元争斗，持刀吓砍，伊母王氏夺刀，自行划伤。”按照子殴父母律，樊魁拟斩立决，因为情节可矜，改为斩监候。

2．孙致兴案

《刑案汇览》四十四记载：“孙致兴因贫窃卖期服亲伯孙希才材板，希才气忿投崖毙命。致兴量减一等拟流。”

（二）读案例学法史

上述两案的处理结果显示：犯罪的主观和客观情节似乎无关紧要，关键在于加害人与被害人之间的关系，或者说，只有伦理准则才是司法必须考虑的首要问题。

第十章

“礼法分离”与清末修律

清朝末年，清政府为挽救统治危机被迫宣布变法修律。新律大多仿行西方近代资产阶级法律原则和制度，同时大力消除传统礼教的影响，从而使礼与法走向分离。

清朝末年，随着帝国主义的入侵，中国社会沦为半殖民地半封建社会，整个国家和社会陷入重重危机，而统治者却屈从列国，苟且偷生。在这样的大背景下，不堪做亡国奴的豪杰志士纷纷进行抗争，民族民主革命的声浪一浪高过一浪，腐败无能的清政府岌岌可危。危急关头，以慈禧太后为首的清朝统治者被迫立宪修律、施行新政，清末修律的序幕自此揭开。

新修律典举要

一、宪法性法律文件

鸦片战争后，随着列强的入侵，近代意义上的宪法理念和制度传入中国，拓宽了国人的救国之路。尤其是其中的君主立宪模式大受国人欢迎，这种保有皇位同时民主组阁治理国家的双赢模式，既可使现政权稳定，又可使民权得到伸张，可以说比较切合当时的社会需求，于是一时间被视为治国的良药和中兴大清的良策。

经过对德日等国宪政制度的考察和研究，清政府逐渐认识到行君主立宪制有三大好处：一是可以继续保有皇位；二是可以与西方列强接轨以减轻外患；三是可以应对国内日益高涨的民主、民权运动。于是，在诸多因素的促使下，清政府于 1906 年宣布“预备立宪”，并于 1908 年和 1911 年分别颁布了两个宪法性法律文件，即《钦定宪法大纲》和《宪法重大信条十九条》，开启了中国的宪政之道。

（一）《钦定宪法大纲》

1. 颁布

光绪三十四年（公元 1908 年），清政府颁布了由宪政编查馆制订的《钦定宪法大纲》，这是中国法制史上首部具有近代宪法意义的法律文件，它在一定程度上限制了君主专制权力，并要求其他法律与其相适应，这就导致诸法合体的传统法律体系的破裂，从而使清末立宪成为中华法系解体的开端。

知识链接

宪政编查馆：清政府为推行“预备立宪”而设置的机构。1907 年 8 月清廷改考察政治馆为宪政编查馆，直属军机处。主要任务是办理奉旨交议的有关宪政折件及承拟军机大臣交付调查各件；翻译各国宪法、编订法规及考核各部院、各省政治情况等等。1911年5月清政府裁撤军机处，改设内阁，此馆随之撤销。

2. 内容

《钦定宪法大纲》共二十三条，内容基本抄自1898年日本帝国宪法，全文由正文“君上大权”和附录“臣民权利义务”两部分组成。

正文共十四条，第一条规定：“大清皇帝统治大清帝国，万世一系，永永尊戴”；第二条规定：“君上神圣尊严，不可侵犯”，旗帜鲜明地维护君权。其余十二条分别赋予了皇帝颁行法律、发交议案，设官制禄、黜陟百司，统率陆海军队、宣战媾和、订立条约，以及司法审判等大权，其权力之大、范围之广，与专制皇帝没有两样。

附录“臣民权利义务”共九条。在规定臣民的纳税、服兵役及遵守法律等项义务的同时规定了臣民的财产和人身权利，以及言论、著作、出版、集会、结社等项权利。

3. 简评

总体而言，《钦定宪法大纲》条文简陋，规范粗略，虽涉及臣民的权利义务，在中国法制史上第一次在法律上把“臣民”当做权利主体而不仅仅是义务主体来进行规范，但其主要的目的只是借助宪法稳固君权、使君权宪法化而已，并没有给人民以真正的民主。因此孙中山先生曾指出这是满洲政府“谋中央集权，拿宪法作愚民的器具”。[①] 不过，值得肯定的是，中国法制的历史自此迈出了具有进步意义的一步。

（二）《宪法重大信条十九条》

1. 颁行

《宪法重大信条十九条》（简称《十九信条》），是清政府迫于革命的压力而匆匆草就的一部临时宪法。1911 年 10 月 10 日，辛亥革命爆发，各省纷纷响应，宣布独立。与此同时，立宪派和一些手握重兵的将领上书、兵谏，敦促立即公布宪法、召开国会。在内外压力下，清政府令资政院迅速草拟宪法，仅用三天时间便制订和通过了《十九信条》，于 1911 年 11 月 3 日公布。

知识链接

立宪派是指 20 世纪初期随着“新政”和“预备立宪”而崛起的资产阶级上层及其代表所组成的政治派别。代表人物国内为从事实业的大资本家和绅士，如张謇等，国外已沦为保皇派的康有为、梁启超等。

立宪派既反对清朝统治的现状，要求改革；也反对革命，

① 《孙中山选集：三民主义与中国前途》。

主张实行“君主立宪”，即继续保持以清朝皇帝为代表的大地主、大买办阶级的统治，而只把它的政权组织形式改变，召开议会，建立责任内阁，以便上层民族资产阶级参政。

2. 内容及评析

《十九信条》与《钦定宪法大纲》比较，在体例与内容上均有不同。

首先，《十九信条》在规定皇权神圣的同时限制了皇权。皇帝传统的内政外交、军备财政、赏罚黜陟等大权，分散转归国会、内阁和司法机关，并且规定了皇权、立法权、司法权和行政权的制衡原则。

其次，扩大了内阁总理的权力。

再次，在形式上限制皇权、扩大国会权力。如《十九信条》规定皇权以宪法明定者为限；宪法由资政院起草议决，皇帝颁行；宪法修正提案权归国会；总理大臣由国会公选，皇帝任命；国际条约非经国会议决，不得缔结等等。

最后，《十九信条》属临时宪法性质。《钦定宪法大纲》仅是清政府对立宪要求的一个许诺，以此作为九年以后制定宪法的准则；而《十九信条》则已成为一种临时宪法，具有宪法性质。清政府重新起用袁世凯，就是根据《十九信条》于 1911 年 11 月 8 日“选举”袁世凯，并由皇帝任命其为总理大臣的。

但《十九信条》忽略了臣民的自由平等权利，人民的民主权利只字未提。这种立法倾向冲淡了它的价值，只能归结为一种应急的政治欺骗。更重要的是，它未能挽回清廷的厄运，1912 年 2 月 12 日清帝溥仪宣布退位。至此，中国两千多年的封建帝制统治走到了尽头。

二、刑律

在整个清末修律中刑律的修订是时间最久、修改最多的法典，充分体现了中华法系与近代资本主义法系的抗争与相互妥协。

1902 年清政府颁布修订法律的上谕，并设立专门修订法律的机关——修订法律馆，由当时对中西法律均有研究的刑部左侍郎沈家本主持。该馆继承历代封建法制传统，视刑律为王朝最基本法律，因此刑律的修订便首当其冲。

清末卅律的修订有两大成果：一是以《大清现行刑律》为代表，删修旧律旧例，改订刑罚制度，废除一些残酷的刑种和明显不合潮流的制度；二是制定并公布中国历史上第一部近代意义上的专门刑法典《大清新刑律》。

（一）《大清现行刑律》

1. 修订

《大清现行刑律》是一部在新刑律颁布以前的过渡性法典，它的修订始于 1904 年 5 月 15 日，是修订法律馆在《大清律例》的基础上删修的，对于《大清律例》的基本精神、主要原则，并没有根本性的改变。修订后的法典律文共二十篇三百八十九条，此外还有附例一千三百二十七条，以及《禁烟条例》十二条，《秋审条例》一百六十五条，于1910年5月15日公布施行。

2. 主要变化

《大清现行刑律》在《大清律例》基础上修订而成，篇目、内容仍不脱旧律窠臼，但作为近代社会中西法律文化碰撞的产物，在保有传统特性的同时，具有近代西方法典的因素，显现出一定的过渡特征，主要表现为：

（1）律典以《刑律》命名，这与封建法典仅以“律”命名有了严格的区别，很清楚地表明其专门刑法典的性质。而中国传统律典从名称上就反映出其诸法合体、包罗万象的综合性法典的特色，如《唐律疏议》《大明律》《大清律例》等。这显然是西方法学理论尤其是大陆法系直接影响的结果。

（2）改革刑罚体系，废除凌迟、枭首、戮尸、缘坐、刺字等酷刑，以罚金、徒、流、遣、死五刑取代原有笞、杖、徒、流、死五刑，将《大清现行刑律》律条及附例内各项罪名，一律按新五刑修订。刑罚体系的改革既是法律文明进步的要求，也是西方列强夺取领事裁判权、反对适用当时中国法律制度的借口之一，因此刑罚体系的改革在清末修律中堪称重中之重。

（3）《大清现行刑律》删除了个别旧法条，并适应清末经济发展增加了一些新罪名。如：删除体现民族压迫的维护满族人特权的条款，删除“良贱相殴”“良贱相奸”条，并将条文中“奴婢”改为“雇工人”，打破了封建法律中“良贱之异”的原则，取消了奴婢在法律上不平等的“律比畜产”地位。同时，又因近代交通运输、工业企业发展，增加了毁坏铁路、电讯等新罪名和定例。

《大清现行刑律》颁行于辛亥革命前夕，没实施多久。

（二）《大清新刑律》

1. 修订过程

清政府在修订《大清现行刑律》的同时，也开始制定新刑律。

1906 年，沈家本聘请日本法学博士冈田朝太郎帮忙修订，并选一批法学专家分别纂辑。前后历三年，于 1907 年下半年编成《大清新刑律草案》，上奏清廷。修订法律大臣沈家本等人在《奏进呈刑律草案折》中，指出新律于旧律变通者主要有五个方面：一为更定刑名，二为酌减死罪，三为死刑唯一，四为删除比附，五为惩治教育。

但此草案交付部、院合议时，遭到了激烈的反驳，特别是由于受到以张之洞、劳乃宣为首的“礼教派”的强烈反对和攻击，修订法律馆不得不将此草案收回，并重新草拟。直到 1911 年 1 月 25 日，才正式公布经过多次修改的《大清新刑律》，预定在宣统五年（1913 年）正式施行。但公布后不久，清王朝即告覆亡，故《大清新刑律》并未正式施行。

2. 主要特点

《大清新刑律》分总则、分则两编，共五十三章四百一十一条，附《暂行章程》五条，其主要特点有：

（1）编纂体例突破传统。《大清新刑律》变明清律六部分立的体例为近代资产阶级刑法典总则、分则分立的体例，总则本质上虽无异于封建律典的“名例”，但其内容却丰富完备；分则以罪名为纲领，各章规定各类犯罪及刑罚，抛弃了传统律典中章名既不概括罪名，又不便检索的缺点。

同时，该律将非科刑定罪的内容一概删除，使其成为中国历史上第一部近代化的专门的刑法典，与用刑罚手段调整各种社会关系的封建法典相比，在一定程度上减轻了司法镇压的残酷性。

（2）刑罚体系仿效西方。《大清新刑律》仿效资产阶级国家刑法，确定了一个以自由刑为中心，由主刑、从刑组成的新体系。规定主刑为死刑、无期徒刑、有期徒刑、拘役、罚金，从刑为褫（chǐ）夺公权和没收。废除了以封建乡土观念为基础，同时又有“以邻为壑”作用的流刑，废除了折磨肉体的笞刑、杖刑，将身体刑排除在刑罚体系之外，同时大大减少死刑条数，并规定：“死刑用绞，于狱内执行之”，只有罪大恶极的才用斩刑。

（3）量刑原则具有近代意义。《大清新刑律》吸收近代资产阶级刑法理论的新成果，确立了具有近代意义的定罪量刑的原则，主要有以下几个方面：第一，采用罪刑法定原则，该律规定：“法律无正条者，不问何种行为，不为罪。”否定了罪刑擅断和诏敕断罪；第二，引进缓刑、伪释、时效制度，专设《缓刑》《伪释》《时效》章，开有利罪犯自新之路，也具有人道主义色彩；第三，采取对青少年犯实行感化教育，确定对刑事责任年龄以下的青少年犯罪，施以感化教育，开中国历史上感化教育青少年犯之先河。

（4）对封建刑法制度做了大量删减。《大清新刑律》适应时代要求，废弃了传统封建法典的很多内容，尤其是删去了以家天下和宗法制为根据的“八议”“十恶”和“存留养亲”等封建法律内容，取消了旧律中残酷的刑罚规范及“官秩”“良贱”“服制”等规范。

《大清新刑律》未及施行，清政府便轰然倒塌。但它却是中国历史上首部仿效资产阶级刑法原则、体例制定的专门刑法典，深刻影响了我国半殖民地半封建社会的刑事立法，迈出了传统法律在近代转型中非常重要的一步。刑法的修订充分表现出顽固的中华法系与近代资本主义法系的抗争。正因如此，在整个清末修律中刑法成为一部进行最久、修改最多的法典。

•知识链接

清末修律中的“礼法之争”

“礼法之争”，指在清末变法修律过程中，以张之洞、劳乃宣为代表的“礼教派”与以修订法律大臣沈家本为代表的“法理派”围绕《大清新刑律》等新式法典的修订而产生的理论争执。

“法理派”：修订法律大臣沈家本等人，由于对清朝所面临的社会危机、对西方国家的政治法律制度有比较深入的了解，因而主张中国应该大幅度地引进西方近、现代的法律理论与观念，运用“国家主义”等政治法律理论来改革中国旧有的法律制度。在修订《大清新刑律》《大清民事刑事诉讼律》过程中，沈家本主持的修订法律馆经常运用西方国家的“通行法理”来对抗保守派的攻击，因而被称为“法理派”。

“礼教派”：以曾出任湖广总督、后任军机大臣的张之洞、江苏提学使劳乃宣为代表，包括直隶总督袁世凯等“封疆大吏”与地方督抚在内的清廷上层官僚、贵族，则对变法修律持反对、消极的态度。在大势所趋、变法修律已成定局后，他们又对沈家本等主持的修订法律馆百般挑剔和刁难，要求修订新律应“浑道德与法律与一体”，尤不应偏离中国数千年相传的“礼教民情”，故而被称做“礼教派”。

三、民律

（一）制订

民事立法的修订始于光绪三十三年五月（公元1907年6月）。光绪三十三年九月（公元1907年10月），宪政编查馆正式将民法的编纂列入修律计划。第二年十月（公元1908年11月），修订法律馆在沈家本主持下聘请日本法学士松冈义正为顾问，开始民法的起草。

在修订法律馆组织下，由松冈义正起草的民律总则、债权、物权三编全部完稿，礼学馆负责起草的亲属、继承二编也相继完成，共三十六章，一千五百六十九条。修订法律馆将五编依次排定，名为《大清民律草案》。至宣统三年八月（公元1911年9月），并将前三编缮成黄册，奏请交阁核定。后两编准备会同礼学馆商定后，再行奏进。但未等这些工作进行完毕，清政府便被推翻。

（二）《大清民律草案》的结构与内容

《大清民律草案》共有五编，按其编纂结构和内容的特点可分为前后两个部分，即总则、债权、物权前三编与亲属、继承后两编。

1. 民律前三编以模仿西方法律为主

民律前三编以日本明治二十九年（公元1896年）《民法典》为蓝本，同时参酌德国和瑞士《民法典》，其结构则是取自1900年的德国《民法典》，对中国旧有习惯未加参酌。第一编为总则。它采取了私有财产所有权不可侵犯、契约自由、过失致人损害应予赔偿等资产阶级民法的一些基本原则。下设法例、人、法人、物、法律行为、期间及期日、时效、权利之行使及担保共八章，分别对自然人的权力能力、行为能力、责任能力、住所、人格保护及法人的意义和成立要件、法人的各项民事权利、社团法人、财团法人，以及意思表示、契约行为等民法上的根本概念和法律关系作了规定。

第二编债权。分别规定了债权的标的、效力、让与、承认、消灭以及各种形式的债的意义和有关当事人的权利义务等。下分通则、契约、广告、发行指示券、发行无记名证券、管理事务、不当得利、侵权行为八章。引用的条文具有典型的大陆法系风格。

第三编物权。主要规定了对各种形式的财产权的法律保护及财产使用内容等，下设通则、所有权、地上权、永佃权、地役权、担保物权、占有，共七章。

2. 民律后两编以固守传统礼教为主

后两编因由清政府礼学馆主持起草的缘故，虽然条文中采纳了一些资产阶级的法律规定，但更多的是注重吸收中国传统社会历代相沿的礼教民俗。

第四编亲属。分别对亲属关系的种类和范围、家庭制度、婚姻制度、未成年人和成年人的监护、亲属间的扶养等作了规定。下设通则、家制、婚姻、亲子、监护、亲属会、扶养之义务七章。其具体法律条文成为清末东西方法律文化交融的一个缩影。例如：关于家庭制度的条文明确强调了家长的地位、家庭内的尊卑秩序，而关于婚姻的条文则规定：男子不满三十岁，女子不满二十五岁，无论结婚、离婚都须父母同意，否则无效。

第五编继承。分别规定了自然继承的范围及顺位、遗嘱继承的办法和效力、尚未确定继承人的遗产的处置办法，以及对债权人和受遗人利益的法律保护等。第一章包括定名、范围及次序，以下分别是通则、继承、遗嘱、特留财产、无人承认之继承、债权人或受遗人之权利。继承编中同样体现着浓厚的传统色彩，如：关于继承权特别规定不可以抛弃，即使受继人有不利益之事，亦不得抛弃继承。在这里，家族的传承观念，远远重于个人的物质利害得失。

（三）评析

《大清民律草案》内容上所体现出的前后两部分的差异，成为近代东西方两种法律文化交融的例证，它以一个具体的视角叙述着“中体西用”的理论与实践。

《大清民律草案》虽未颁行，但确是中国历史上第一部专门的民法典，对其后中华民国的民事立法产生了深远的影响。

四、商律

（一）修订

清末的商事立法，按其前后修订过程大致可分为两个阶段。

1. 光绪二十九年（公元1903年）到光绪三十三年（公元1907年）

这一阶段所制定的商事法规主要有：《钦定大清商律》《公司注册试办章程》《商标注册试办章程》与《商标注册试办章程细目》《破产律》等。由于时间仓促，这一时期所订商法大都比较简单。

2. 光绪三十三年（公元1907年）后至宣统三年（公元1911年）

由于有了先前的立法经验，因而所订法律趋向成熟，但由于清政府覆亡，大都未能颁行。按时间顺序，这一阶段未及颁行的商法草案有：

(1)《大清商律草案》亦称《志田案》。

(2)《交易行律草案》。

(3)《破产律草案》。

(4)《保险规则草案》。

(5)《改订大清商律草案》。

此外，清政府还制订和颁布了一些商事单行法规以及与商法有密切关系的法规，前者如《银行则例》《银行注册章程》等，后者如《商会简明章程》《奖励华商公司章程》等。

（二）主要商事立法简介

1.《钦定大清商律》

该律由《商人通例》和《公司律》组成。其中《商人通例》九条，分别规定了商人的意义和条件以及妇女经商、商号、商业账簿等方面的问题，具有商法总则的性质；《公司律》一百三十一条，分为公司分类及创办呈报法、股份、股东权利各事宜、董事、查账人、董事会议、众股东会议、账目、更改公司章程、停闭、罚例，共十一节。

《钦定大清商律》的结构与内容均较简略，但作为中国历史上的第一部独立的商法典，在中国商法史上占有重要的地位。该法颁布后一直使用到民国三年（公元1914年），至颁布新的《商人通例》和《公司条例》后，才告废止。

2.《大清商律草案》（亦称《志田案》）

该草案按民商分立国家单独编纂商法典的原则编成，作为近代中国最大部头的商法典，共分五编，合计一千零八条。主要内容如下：

第一编总则，下分法例、商业、商业登记、商号、营业所、商业账簿、商业所用人、商业学徒、代办商，共九章一百零三条。

第二编商行为，下分通则、买卖、行铺营业、承揽运送业、运送营业、仓库营业、损害保险营业、生命保险营业，共八章二百三十六条。主要规定了买卖、行铺营业、承揽运送业、运送营业、仓库营业、保险营业等商事行为的性质、经营规则、有关当事人间的权利义务关系等。

第三编公司律，下分六编十六章。第一编总则，下设法例、通则二章；第二编合名公司，下设设立、内部之关系、外部之关系、股东之入股及退股、解散五章；第三编合资公司；第四编股份公司，下分设立、股份、股东总会、董事、监查员、会计、公司债、定章之变更、解散，共九章；第五编股份合资公司；第六编罚则。共三百一十二条。

第四编票据法，分三编十五章。第一编总则，下设法例、通则二章；第二编汇票，下设汇票之发行及款式、票背签名、承诺、代人承诺、保证、满期日、付款、拒绝承诺及拒绝付款之场合执票人之请求偿还权、代人付款、副票及草票、汇票之伪造变造及遗失、时效，共十二章；第三编期票，下设期票一章。共九十四条。票据法对商事活动中经常使用的票据的性质、种类、款式、发行、流通、收回及当事人间的权利义务作了系统规定。

第五编海船律，分六编十一章。第一编总则，下设法例、通则二章，第二编海船关系人，分所有者、海员二章；第三编海船契约，分运送物品契约、运送旅客契约、保险契约三章；第四编海损，分共同海损、海船之冲突二章；第五编海难之救助；第六编海船债权之担保，分法定债权、抵当权二章。共二百六十三条。海船律对于海上运输这一特殊行业的有关问题作了系统的规定。

该律严格按照商法典的规模和要求来编纂，体例严谨，内容周详，但起草的过程较长，至1911年辛亥革命爆发，也未能颁行。

3.《破产律》

全律分呈报破产、选举董事、债主会议、清算账目、处分财产、有心倒骗、清偿展限、呈请销案、附则，共九节六十九条。该律主要规定了破产的条件、呈报破产的程序、清偿债务的程序及对存心欺骗的处理办法等。如该律规定，商人遇有破产事项，应赴地方官及商会呈报，待查明后进行破产宣告；宣告破产后应选举专门人员负责清理有关事务，并召开债主会议，商议清偿办法；待账目核算清楚后，将破产财产按平均成数摊还各债主；对存心欺骗者分别以监禁或罚金处罚之。

《破产律》是为加强商业贸易的管理和调整有关的法律关系而制定的一系列商事法规之一，虽曾奏准皇上施行，但光绪三十四年（公元1908年）又被明令废除。

（三）清末商事立法的基本特点

清末商事立法前后历时八年多，在整个修律过程中占有十分突出的地位。其主要特点如下：

1. 在法律渊源上体现着“模仿列强”“博稽中外”的原则

在主要商事法典的体例内容选择上，主要模仿德、日、英等资本主义国家的商法，同时也注意吸收一些中国的商事习惯。如《钦定大清商律》主要仿自英、日公司法和商法，同时有二十八个条文吸收了一些中国传统的商事习惯，其他法规也多是如此。

2. 在法典编纂结构和立法技术上以方便商事活动为主

一方面，在吸收各国商法和中国大量商事习惯的基础上，采取了与商为便的一系列规定。例如：《钦定大清商律》中关于一般商业注册与否听其自便，以及公司只要符合法定条件均可成立的规定，这些规定在客观上有利于鼓励私人投资近代企业，促进资本主义的发展。另一方面，由于立法经验与司法实践的欠缺，在法律规范的制订中对商事活动的安全性要求关注不够。

3. 一些条文带有传统社会封建残余和半殖民地法律的烙印

例如：《钦定大清商律》规定男子十六岁以上有完全的商人能力，可独立为商，妇女则只在上无父兄或本商病废而子弟幼弱、尚未成丁的情况下，方可为商；有夫之妇经商，不仅须经丈夫许可，而且遇有钱债纠葛，本夫不能辞其责。实际上是不承认妇女的独立地位。此外，无论是《钦定大清商律》《大清商律草案》，还是《改订大清商律草案》对外国公司均无规定，这不能不说是它的一大缺陷。

清末商法虽有种种缺陷和不足，但在客观上适应了当时社会经济发展的要求，并对民国时期的商事立法产生了重大影响。

五、诉讼律

中国传统法律一向是诸法合体，程序法不单独编纂。清政府颁布修订法律谕旨后，修订法律馆大臣认为，刑法和诉讼法不可偏废，于是在修订刑律同时，开始了诉讼立法工作。

（一）《刑事民事诉讼法草案》

鉴于历史传统形成的刑、民状况不分的事实，修订法律馆于光绪三十一年（公元 1905 年）提出制订简明诉讼法，将民事诉讼与刑事诉讼规定在一部法典中。光绪三十二年四月（公元 1906 年 4 月），拟成《刑事民事诉讼法草案》上奏清政府，请求在刑法和民法之前颁行。

该草案采用了资产阶级的陪审制度、律师制度，是我国首次将诉讼法规单独编纂的尝试。草案全文共五章，二百六十条，另附《颁行例》三条。

负责起草这部草案的伍廷芳曾留学英国，对英美法较有研究，因而该草案的内容多采自英美法，与大陆法国家的程序法有所不同，也与中国传统差异较大，因此当这部法律草案交由各省讨论时，遭到了激烈的反对，这时修订法律馆已决定将刑事诉讼律和民事诉讼律分开，重新起草，因而《刑事民事诉讼法草案》在实际上成了废案。

（二）《各级审判厅试办章程》

法部受命对《大清刑事民事诉讼法》详核妥拟后，鉴于各级审判厅即将普遍举办，急需程序性法律规范的情况，立即着手编纂《暂行诉讼法》。为调和传统文化和近代文化间的矛盾，法部以直隶总督袁世凯奏定的《天津府属审判厅试办章程》为基础，兼采沈家本奏呈的《法院编制法草案》，于光绪三十三年十一月（公元 1907 年 12 月）编成《各级审判厅试办章程》。

该《章程》分总则、审判原则、诉讼、各级检察厅通则和附则五章，计一百二十条。该章程是一部关于法院组织和民刑事诉讼的综合法典，也是法院组织、刑事、民事诉讼法颁布前的过渡性法典。它删除了《大清刑事民事诉讼法草案》中曾规定的陪审制度和律师制度，但仍采用了一些近代法院的组织结构和诉讼术语、审判制度等。如：四级三审制、预审制、检察制度等。

因新的刑事、民事诉讼法难产，该章程一直存续至清亡，且在民国北京政府统治时期改头换面实施达十年之久。

（三）《刑事诉讼律草案》和《民事诉讼律草案》

光绪三十三年十一月（公元 1907 年 12 月），修订法律馆开始重新编纂诉讼法典。至宣统二年十月（公元 1911 年 1 月），相继编成《刑事诉讼律草案》和《民事诉讼律草案》。

1.《刑事诉讼律草案》

该法是我国首部独立的刑事诉讼法典草案。它引进了一系列资产阶级诉讼制度，如辩护制度、感化教育制度等，同时结合实际作了一些改进。草案共分六编五百一十五条，主要模仿日本 1890 年《刑事诉讼法》，内容远较《刑事民事诉讼法草案》完备。

其主要内容包括：

（1）诉讼方式上采用告劾式，审判衙门只管审判，不管纠问。

（2）对刑事案件实行公诉，公诉权由检察官行使。

（3）采取资产阶级“自由心证”“直接审判”“言词辩论”等原则，允许原被告双方辩论。

（4）规定原被告待遇平等，被告人除自行辩护外，还可请辩护人及辅佐人代为辩护。

（5）实行审判公开的原则和三审终审制。

2.《民事诉讼律草案》

该法是我国首部独立的民事诉讼法典草案，它以德国民诉法为蓝本，参照日本、奥地利、匈牙利民诉法，结合中国传统法律及习俗制订而成。采用了资本主义国家通用的“当事人主义”“法院不干涉原则”及“辩论原则”等。

该草案共分四编八百条。第一编审判衙门，下设事物管辖、土地管辖、指定管辖、合意管辖、审判衙门职员之回避拒却及引避五章；第二编当事人，下设能力、多数当事人、诉讼代理人、诉讼辅佐人、诉讼费用、诉讼担保、诉讼救助七章；第三编通常诉讼程序，下设总则、地方审判厅之第一审诉讼程序、初级审判厅之诉讼程序、上诉程序、再审程序五章；第四编特别诉讼程序，下设督促程序、证书诉讼、保全诉讼、公示催告程序、人事诉讼五章。

3. 评析

《刑事诉讼律草案》和《民事诉讼律草案》这两部草案迈出了中国法制史上诉讼法专门立法的重要一步，从此，诉讼法成为法律体系中独具特色的一员，引领了中国近代司法制度的发展和进步。

由于清政府的灭亡，上述两个草案未能来得及颁行，但其并未完全归于废弃。民国初年，北京政府曾多次援用施行《刑事诉讼律草案》的某些条文，并于1912年在修订该草案的基础上，编成《刑事诉讼条例》五百一十四条，公布使用。《民事诉讼律草案》第一编的第一章至第四章也于1912年被援用。1921年，广东政府将该草案略加修改，编成《修正民事诉讼律》八百条，北京政府将其加以若干修正，编成《民事诉讼条例》七百五十五条，同年公布，第二年施行。

司法制度改革

清政府于1906年9月宣布仿照资产阶级国家"三权分立"原则改革官制，使司法与行政分立，一改几千年来司法行政合一的体制。

（一）体现"司法独立"原则的中央司法机构

光绪三十二年九月（公元1906年10月），清政府下诏将刑部改为法部，专任司法行政；将大理寺改为大理院，作为全国最高审判机关。宣统元年（公元1909年）颁布的《法院编制法》进一步确认：大理院为最高审判机关，并有统一解释法令权。大理院设正卿一名，少卿一名，负全院事务之责。内设刑事科，民事科，各设推丞一名，负责本科事务。下设庭，庭设庭长。至此，正式废除三法司制度，确立了近代中央司法机关的规模。

随着法部和大理院的设立，将最初置于法部内的总检察厅改设于大理院，作为最高检察机关。《法院编制法》规定：总检察厅设厅丞一名，二名以上检察官，独立行使检察权，取消了自明代以来的都察院。

（二）"四级三审制"与地方司法机构

1906年始，清政府决定各省设高等审判厅，府（直隶州）设地方审判厅，州县设初级审判厅，再加上大理院，形成四级三审制，后由《法院编制法》固定下来。

地方审判机构的组成如下：

1. 组成人员

初级审判厅由一至二人以上推事组成；地方审判厅，在京师设厅丞一名，在各省地方设厅长一名负责全厅事务，厅内分民、刑庭，设庭长，置二名以上推事；高等审判厅设厅丞一名，负责全厅事务，厅内分民、刑庭，设庭长，置二名以上推事。

2. 地方各级审判厅内设检察厅

初级检察厅设一至二名以上检察官，地方检察厅、高等检察厅分设一名检察长、二名以上检察官。

此外，各省按察使改名提法司，作为地方司法行政机关。

（三）诉讼审判制度的改革

1. 司法独立原则的确立

《大理院审判编制法》规定：自大理院以下及本院所属各级审判厅，“关于司法裁判全不受行政衙门干涉，以重国家司法独立大权而保人民身体财产”。宪政编查馆《核订法院编制法并另拟各项暂行章程折》重申这一原则，并将其贯彻于《法院编制法》中。虽然实际上尚有出入，但这毕竟是司法独立在中国的立法先声，是对传统的皇帝总揽司法权的否定。

2. 刑庭、民庭分设

《各级审判厅试办章程》规定：“凡审判案件，分别刑事民事二项。"区别是："凡因诉讼而审定理之曲直者属民事案件。"从而结束了中央审判衙门以审判刑事案件为主，地方审判衙门刑、民诉讼不分的历史。《大理院审判编制法》还确定大理院及所属法院分设刑庭、民庭，分别审理刑事、民事案件。

3. 审判权、检察权分立

古代监察机关御史台、都察院，职权主要是"纠弹百官"，同时享有对疑难重案的审判参与权。实质上是监察、审判权兼有。

1906 年 11 月，清政府改组司法机构，明定总检察厅专司法律监督之责，使检察权与审判权分立。从此，资产阶级检察制度开始在中国逐步建立。

4. 辩护制度确立

古代刑事审判采用纠问式为主的方式，没有辩护制度存在的余地，理论上实行有罪推定。

1906 年的《大清刑事民事诉讼法》首次确定辩护制度，该法规定："凡律师俱准在各公堂为人辩案。"但因守旧势力反对未及颁行。直到 1910 年的《法院编制法》才承认律师和律师出庭辩护的制度，该法规定："律师在法庭代理诉讼或辩护案件，其言语举动如有不当，审判长禁止其代理、辩护。其作律师而为诉讼代理人或辩护人者，亦同。"此后中国始有律师制度。

清末修律简评

清末修律一方面为阻止革命、屈从列强，从而挽救清朝的命运、寻求自救；另一方面也为收回治外法权，变法自强。

清末修律目的是为阻止革命，挽救专制统治的危机。甲午战争后，特别是1905年日俄战争胜败分晓后，专制的沙俄败于君宪的日本，清政府眼见专制难以维持，转而接受君宪。在立宪派及直隶总督袁世凯、湖广总督张之洞等的立宪奏请下遂打出了“预备立宪”的招牌，取法日本预备立宪的先例，派五大臣出国考察各国宪政，调查中国行君主立宪的可能性，并设立宪政编查馆研究各国宪政，编制法规。在此基础上，清政府于1908年8月27日公布准备实行宪政的计划：确定1908年至1916年九年为“预备立宪”期限。制定实施刑律、民律、商律、刑诉律、民诉律等法典。宣布从1917年开始行宪政。这显然是以“预备”为借口，缓和国内外矛盾。《钦定宪法大纲》使国人识破了清政府“大权统于朝廷，庶政公诸舆论”的诡计。此后，民主宪政运动及反清武装革命愈演愈烈，最后的“十九信条”这一企图挽救清政府命运的“稻草”，转瞬之间便被辛亥革命的浪涛所吞没。清末修律未能挽回岌岌可危的清王朝，却为后来的民国法制奠定了基础。

清末立法具有封建性和买办性的特点，体现着深刻的半殖民地半封建性质。例如：《大清现行刑律》主要着眼点之一是确保统治阶级的私有财产和政治特权，《咨议局章程》《资政院院章》与《大清新刑律》中的《妨害选举罪》一章，一方面保证了封建地主和官僚买办当选进入政治机构，继续确认封建家族制度，另一方面以法律确认列强在华特权。

清末修律打破了封建法统，改革了旧律中残酷、野蛮的落后内容，确立了一系列新的法律制度，客观上改良了封建法制，开创了中国法制发展的新局面。同时，清末修律促进了民族资本主义发展，为民国法制奠定了基础，促使中国法制走向近代发展轨道。

案例与典故拾零

一、苏报案

辛亥革命前的著名反清政治案件。1903 年，邹容、章太炎分别写出轰动全国的《革命军》和《驳康有为论革命书》。《苏报》连续发表《读〈革命军〉》《序〈革命军〉》《介绍〈革命军〉》等文章，大骂皇帝和清政府，高呼革命为神圣“宝物”，要求建立资产阶级“中华共和国”，推荐《革命军》为国民必读的第一教科书，同时报道各地学生的爱国运动。为此清政府照会上海租界当局，以“劝动天下造反”“大逆不道”罪名将章太炎等逮捕。邹容激于义愤，自动投案。之后，两人被关入租界监狱“西牢”。会审公廨组织公堂审讯章、邹，最后判处章太炎三年监禁，邹容二年监禁，他们在西牢内屡遭非刑拷打，备受非人待遇。邹容最终因在西牢监禁期间被残酷折磨而早逝。

二、读案例学法史

（一）会审公廨制度

会审公廨是上海历史上在特殊时期、特殊区域成立的一个特殊司法机关，由道台任命中方专职会审官（谳员），与外方陪审官（领事）会同审理租界内与华人有关的诉讼案件。根据中外双方的约定，如果案件涉及洋人或洋人雇佣的华籍仆人，由外国领事参加会审或观审；纯粹华人案件，由中国谳员独自审断。

• 知识链接

会审公廨

清同治七年（公元1868年），清政府与英、美驻上海领事议订《洋泾浜设官会审章程》，在租界设会审公廨，受理租界内除享有领事裁判权国家侨民为被告外的一切案件。同治八年

（公元 1869 年），上海英美租界会审公廨成立，简称会审公廨，又名会审公堂，初设于洋泾浜（今延安东路）北首理事衙门内。清光绪二十五年（公元 1899 年），会审公廨由南京路移至北浙江路（今浙江北路）新厦。新厦建有西式会审公堂、管押所等，建筑面积七千平方米。会审公廨设正会审官一人，总管公廨事务，副会审官六人，办理刑民案件，另设秘书处、华洋刑事科、华务民事科、洋务科，管卷室。陪审官则由外国领事担任。随租界不断扩张，上海英美租界会审公廨改名上海公共租界会审公廨，裁判权实际由会审官操纵，亦不得上诉。

清宣统三年（公元 1911 年），上海光复后，会审官弃职逃匿，英、美等驻沪领团乘机侵占会审公廨。翌年，领团于廨内增设检察处，设洋检察员一人，由工部局推选经领事团委任，负责分配案件、指定审理日期、收发文件、保释、会计、保存案卷、民事羁押与女监管理等所有行政事务。廨内大权均由检察员掌握。检察员下设交保、收支、洋务案、华务案、写字间等处，各以洋员为主任，华人为辅佐，直接受检察员指挥。并附设华捕十人，办理拘传各类传达及民事判决的执行事项。民国 14 年（公元 1925 年），五卅惨案发生后，各界群众强烈要求收回会审公廨，几经交涉，于民国 16 年（公元 1927 年）1 月 1 日，废止会审公廨。

（二）罪名及审理

苏报案中章太炎所涉罪名"大逆不道"充分反映了清朝

封建法制维护皇权专制的实质。该案由会审公廨组织审理，则是清朝末年中国社会沦为半殖民地半封建社会的铁证。该案审理过程中，被告章太炎和邹容还请了外国律师出庭为他们做了无罪辩护，这是清末西方法律文明与中国古代法律的一次正面碰撞。

后记 HOU JI

21 世纪的今天，社会主义法治秩序已成为我们所追求的理想生活方式，然而古代法律文明并没有就此失去其全部的光华。古人对于法及法与国家、社会的关系的思考，对于完美典章的执著追求，对于理想秩序的努力等等，犹如那亘古久远的星光，在我们前行的道路上熠熠闪烁，坚定了我们寻求美好生活的脚步和信念。

“礼刑并立”“礼法对立”“礼律合流”“礼法分离”，“礼”与“法”关系的演变贯穿了中国古代法律发展、演变的全部历史，诠释着古代中国人对于法的认识、理解和运用，这些基于古代宗法文明而精心设计的制度，渗透着古人的智慧和对古代中国的理想秩序的追求。因此，展现中国古代法律丰富的文化内涵、独特的治世思路与制度设计，直面其浩繁典章的璀璨与酷刑苛法的重重矛盾，追寻其缓慢而凝重的历史进程与命运沉浮，无不是本书所追求的目标。

自从开始这本书的编写，我内心的惶惑和不安就不曾停止过——担心自己才疏学浅，不能将中国古代的法律精准而充分地呈现给青少年读者；担心局限于自己狭隘的思想和观念，不能给青少年以正确而适当的引导……但无论如何，凭着对中国古代法律文明的热爱和对青少年读者的责任，我终于克服了种种困难，在众多前辈学者的关心和帮助下完成了本书的编写工作。

此时，我心中充满了感激之情——感谢丛书主编傅书华教授，正是他的信任才使我有机会参与到丛书的写作中，也还是由于他不厌其烦的指导才使这本书有了现在这个模样；感谢丛书的策划者和出版者，正是由于他们对中国传统文化的尊重、对青少年成长的高度的社会责任感以及对于出版事业的热情和严谨，才使得这套丛书的设计、编写直至出版成为可能；感谢所有我参考过其著作、感知过其思想的专家、学者，我虽然无法在这里一一列出他们的姓名和著作，但正是由于受到他们的著作和思想的启迪，我才能对中国古代的法律文明有所认识和理解，也才能最终完成这本书的构架和写作；我要感谢的人还有很多很多，在此，我希望所有对这本书的诞生给予了帮助的人都能感受到我诚挚的谢意！

另外，我心中也充满了期待——期望这本书能够对读者朋友有所启发和帮助，也期望这本书能够为读者朋友所喜爱！

王雅梅

2011. 12